EVELINE PAWLICH

AF288281

Dieser Zusatzband zu meiner *Schönen alten Welt* unterscheidet sich gravierend vom Hauptband, denn hier geht es bedeutend ausführlicher in Essays und Reiseberichten um einige Aufenthalte in Europa, Asien und Südamerika. Manchmal geschieht das in einem mehr oder weniger fiktiven Rahmen, meist in umfassenderen Berichten, wobei einiges aus den Reisen bereits im ersten Band in dessen einzelnen Abschnitten knapp angesprochen worden ist. Gleichgeblieben ist jedoch, dass die Texte aus der Sicht der schönen alten Welt geschrieben wurden.

Eveline Pawlich, geboren 1951 in Berlin, arbeitete nach einem Studium in Germanistik und Geschichte als Dramaturgin und an einem Berliner Gymnasium. Sie veröffentlichte neben den beiden Reisebüchern Zeitungsberichte, Gedichte, Kurzgeschichten und Dramen.

Eveline Pawlich

Schöne alte Welt

für alle,

die es genauer wissen wollen

Umschlaggestaltung: BoD
Satz und Layout: Eveline Pawlich
Fotos und Bearbeitung: Eveline Pawlich
Herstellung und Verlag: BoD – Books on Demand, Norderstedt
Erste Auflage: 2024
ISBN 9783758372049

INHALT

VIVE LA PROVENCE

Bettelndes Hühnergegacker zwischen den Beinen der im Garten frühstückenden Gäste einer Auberge, gleißendes Mittagslicht über den duftenden, lila blühenden Lavendelfeldern - van Gogh und Cézanne lassen grüßen -, feuchtdumpfe Stille nach einem heißen Tag in der Krypta von St. Gilles, nur durch das Entlangschleichen einer herrenlosen Katze zwischen den romanischen Pfeilern etwas beeinträchtigt:

C'est la Provence! Vive la Provence! -, denn sie bietet neben einer paradiesischen Landschaft zugleich ein Dorado an kulturellen Kostbarkeiten: seien es nun die sich majestätisch in der Gard spiegelnden hohen Rundbögen der 50 Meter hohen, 242 Meter langen und 4 Meter breiten Pont, die die Römer auf Befehl von Agrippa als Aquädukt errichtet hatten, oder die klassisch schlichten, weniger gewaltigen der ehemals abgelegenen, heute jedoch auf den Autostraßen gut erreichbaren Zisterzienserabteien des 12. Jahrhunderts, in deren Kirchengewölben man, wenn man Glück hat, sogar noch die Gesänge der Mönche hören kann - natürlich auf Platte, von Lautsprechern übertragen.

Aber das tut dem Eindruck vom klassisch einfachen klösterlichen Leben in Silvacane oder Sénanque keinen Abbruch und bestärkt den vom Alltag gestressten Touristen eher in seinem Wunsche, der ihn umgebenden Hektik zu entfliehen, im vor der Mittagshitze geschützten, angenehm kühlen Kreuzgang zu meditieren oder sich mit der Anzucht von Kräutern zu beschäftigen, Arzneien herzustellen - ohne Chemie, ohne Tierversuche.

Abrupt wird man jedoch aus diesen Träumen gerissen, wenn man erfährt, dass das Durchschnittsalter dieser beneideten Berufsgruppe kaum 28 Jahre betrug oder dass das Frühstück - in Frankreich zwar nicht üppig, aber doch zum morgendlichen Wohlbefinden dazugehörend - den Mönchen gänzlich unbekannt war. Auch dürften die unbeheizten Räume kaum zur Behaglichkeit klösterlicher Winter beigetragen, der Wärmeraum allenfalls zum Auftauen rheumatischer Glieder gedient haben, wenn man nicht gerade aufgrund seiner Schreibarbeit das Privileg hatte, sich im Scriptorium eine längere Zeit aufzuhalten. Da scheint dem Menschen des 20. Jahrhunderts denn doch der inbrünstige Glaube zu fehlen, sich einem derartigen Leben zu verschreiben, wie es viele Tausende im 12. Jahrhundert taten, als sie sich der Reformbewegung des Heiligen Bernhards von Clairvaux anschlossen und mit Weltflucht, Armuts- und Stillegebot gegen fürstliches Gebaren, Simonie und Nepotismus der alteingesessenen Geistlichkeit protestierten.

Also kein Leben als Mönch, aber doch Bewunderung für die einfachen, vornehmen Kalksteinbögen und -gewölbe, die bereits zum Stil der Gotik hinüberleiten.

Bewunderung auch für die mehr als 1000 Jahre älteren Bauwerke, die weniger Ausdruck einer Weltflucht als der weltlicher Unterhaltung waren: Brot und Spiele in den Arenen der Provinz Gallia Narbonensis, die seit 61 vor Christus vier Jahrhunderte hindurch römischem Herrschaftsanspruch unterlag; Fünf-Gänge-Menu und keineswegs völlig andersgeartete Spiele für den Ferieninvasoren des 20. Jahrhunderts an eben diesen Orten.

Immer noch finden in den besterhaltensten antiken Arenen von Nemausus (Nimes) und Arelate (Arles) die Tierkämpfe statt. Wohl gewachsene, in der Camargue extra dafür gezüchtete, schwarze Stiere bevölkern die Arenen und entkommen dem Jubel der Menge keineswegs immer lebendig. Antike Wurzeln auch hier: Stieropfer im Mithras- und Kybele-Kult.

Weniger blutrünstig geht es im Theater von Arausio (Orange) zu, dessen berühmtester Abonnent, der 3.55 Meter hohe Augustus, seit Jahrhunderten das Spiel auf der Bühne weit unter sich sowie auch das Spiel des sich wandelnden und doch immer gleichbleibenden Publikums sich gegenüber mit marmornen Blicken verfolgt. Er nimmt seinen Platz in der einzig erhaltenen, 37 Meter hohen Szenenwand dieses antiken Theaters ein.

Nutzung der Bauwerke, Nutzung der schnurgeraden, oft Hunderte von Metern mit Platanen gesäumten Römer-straßen - heute wie einst. Aber der vollmotorisierte Bil-dungstourist mit vierwöchigem Urlaubsanspruch kann seinen Kleinwagen noch tiefer über holprige und enge Straßen in die Vergangenheit steuern und dabei den Staub von Jahrtausenden aufwirbeln (Wer noch nicht Auto-fahren kann, der lernt es spätestens hier - oder kehrt mit einem der öffentlichen Verkehrsmittel nach Hause zu-rück.). So ist es dem Bildungshungrigen möglich, die aus Feldsteinen errichteten Rundhütten, genannt Bories, eines rekonstruierten Steinzeitdorfes unweit von Sénanque zu besichtigen, deren Bauweise die Jahr-tausende bis hinein in unser Jahrhundert überdauert hat und die noch vor wenigen Jahren die Hirten vor Wind und Wetter schützte.

Kaum 20 Kilometer davon entfernt erwartet ihn dann schon wieder die Moderne. Hier birgt das trutzige Schloss von Gordes das Oeuvre des Malers Victor Vasarely, dessen Bilder streng aus Quadraten, Rechtecken und Kreisen konstruiert sind. Als Wandteppiche an den nüchtern weiß gekalkten Wänden hängend oder zu Serien in Guckkästen zusammengestellt, kann sie der Besucher betrachten. Auf seinem Gang durch die Ausstellungsräume begleitet ihn leise Jazzmusik, ebenso unaufdringlich und emotionslos wie die Bilder des Ungarn, der ursprünglich seinen Lebensunterhalt als Gebrauchsgrafiker verdient hatte. Will man sich noch eingehender über diesen Maler informieren, so bietet die Fondation Vasarely im provencalischen Schmuckkästchen Aix oder "Athen des Südens", wie der Dichter Frederic Mistral diese Stadt nannte, dazu Gelegenheit.

Diese an heißen Sommertagen im Talkessel vor sich hin brütende Universitätsstadt (seit 1413) gewann unter der Regierung des guten Königs René im 15. Jahrhundert an Bedeutung, während die Papstresidenz Avignon zu eben dieser Zeit langsam ihre Bedeutung verlor, nachdem ihr letzter Hausherr samt Gefolge 1376 aus dem Exil nach Rom zurückgekehrt war. René war ein Renaissancefürst, der sich nicht nur durch viele Interessen auszeichnete, sondern seinen Beinamen zu Recht der Tatsache verdankte, dass er sich ebenso um das Wohl seiner Untertanen sorgte. Das unter ihm erblühte goldene Zeitalter endete jedoch sechs Jahre nach seinem Tod, als die Provence zur Provinz des französischen Staates herabsank, mit dem sie 1486 vereinigt wurde. Weit ab vom französischen Hof pflegte Aix fortan als eine Art Landeshauptstadt zweiten Grades die Vornehmheit einer verlassenen Geliebten und schmückte sich im 17. und 18. Jahrhundert mit respektablen Stadtwohnungen von Adel und Parlamentariern auf dem Cours Mirabeaux. Wie in der Hauptstadt Paris sitzt man hier in Straßencafés unter schattenspendenden Platanen, trinkt seinen überteuerten Kaffee und beobachtet die vorbeiflanierenden Passanten sowie den vom Rauschen der Brunnen begleiteten Autoverkehr.

Sind die Lebensgeister geweckt, so sollte man nicht versäumen, das etwas außerhalb liegende Atelier Cézannes zu besichtigen, der in Aix nicht nur geboren wurde, sondern hier auch den größten Teil seines Lebens verbrachte. Man gelangt zur Schaffensstätte dieses seinen Zeitgenossen als Querkopf erschienenen Malers über die recht steil ansteigende Avenue Cézanne. Hierbei kann es jedoch vorkommen, dass man, durstig und geschwitzt oben angekommen, vor verschlossenem Tor steht, da gerade an diesem Tag das inzwischen zum Museum gewordene Atelier aus irgendeinem wichtigen Grunde geschlossen ist. "Une grand Porcerie!", wie ein Tourist mit Filzstift auf dem Tor - zwar in Grammatik und Rechtschreibung falsch, aber doch sehr treffend - bemerkt hatte.

Sind Vasarely und Cézanne Museen gewidmet, so wird dem holländischen Maler der Brücke von Arles, dessen Ohr zu seinen Lebzeiten wohl schon mehr Aufsehen erregte als seine Bilder, nur wenig Aufmerksamkeit geschenkt. In einer Buchhandlung mal ein Buch für Liebhaber und Kenner, sonst nichts: kein Bild, kein Poster, keine Postkarte, seit kurzem sogar nicht einmal mehr sein Zimmer im Krankenhaus von St. Remy, das einem Erweiterungsbau des Gebäudes weichen musste. Und doch wird man ständig von seinen grellen Farben und deftigen Pinselstrichen verfolgt. Die Zypressen, die abgeernteten Felder, das Flirren der Luft, all das lässt einen nachempfinden, dass man hier einfach zum Malen gezwungen wird, und zwar mit eben den fast zentimeterdick aufgetragenen Farben, wie sie van Gogh im Sommer 1888 hier fiebernd verwandte.

Ein Mittag in paradiesischer Umgebung - wenn nicht wie van Gogh inmitten von Malfarben und Staffelei, so doch wenigstens zwischen Rotwein und französischem Käse. Als Nachspeise Brombeeren, die an jeder Hecke zu finden sind. Dann ein wenig im keilförmigen Schatten der Zypressen lesen oder auf den Spuren des Insektenforschers Henry Fabre wandeln, mit der Lupe den sich in ihrem Netz sonnenden Spinnen und über den Sandweg krabbelnden

Käfern hinterher. Bei jedem noch so vorsichtigen Schritt fliegen dabei die nie ermüdenden Zikaden in Schwärmen auf und verfangen sich manchmal in Sherlock Holmes Beinkleidern, wobei ihre Panik keineswegs geringer einzuschätzen ist als die ihres Beobachters.

Wer auch dafür nicht den genügenden Elan aufbringt, der hält einfach nur eine Siesta - wie der alte Provencale unter dem Schutz der Markise eines kleinen Bistros: der Kopf auf die Brust fallend, die Hand auf den Stock gestützt, mit dem Mischlingshund zu seinen Füßen um die Wette schnarchend, das gute provencalische Essen (sicher mit reichlich Knoblauch) verdauend. Wenn die Hitze nicht mehr so brennend ist, wird er aufwachen und ebenso freundlich wie alle hier seine Schiebermütze zum Gruße lüften und bereit zu einem Schwätzchen sein. Sehnsuchtsvoll betrachtet der Germane aus dem rauen Norden dieses sich ihm bietende Bild des Midi. Das ist das Leben! Oder ist es das ebenso wenig wie das des Zisterziensermönchs? Hat dieser alte Herr tatsächlich nur die einzige Sorge, sorglos unter dem blauen Himmel zu leben? Kann er so sorglos leben auf dem kargen Boden der oberen Provence wie in den ertragreichen Tälern von Rhone und Durance? Unsere nordische Zurückhaltung verbietet, ihm diese Fragen zu stellen, und unser mangelhaftes Französisch tut das übrige.

An Stelle von Kommunikation lieber Kommerz! Man findet ihn völlig unvermutet in riesigen unterirdischen Caves, in denen ameisenartige Geschäftigkeit bei schummriger Beleuchtung und Hammondorgelmusik herrscht. Hier wird der 85er Rosé, Rouge oder Blanc aus riesigen Fässern abgezapft und wie an der Tankstelle in kleine Plastikkanister umgefüllt. Ist der Kofferraum dann erst mal voll des Weines - der Chauffeur hoffentlich weniger -, geht es weiter auf der Route Merkurs. So erreicht man unweit einiger Caves das Touristenzentrum Les Baux, dessen wichtigstes Anliegen der Verkauf von Kräutern, Lavendel und Seife zu sein scheint. Oktoberfest in engen mittelalterlichen Gassen für Amerikaner und Bundesrepublikaner, für Briten und Italiener, und natürlich auch für Franzosen. Dort, wo einst die Troubadours ihre Herrin zum Lautenton besangen - natürlich auch schon für Tantiemen -, dort klimpern jetzt die Franc-Stücke in den Kassen der kleinen mit z.T. sogar geschmackvollen Andenken vollgestopften Läden.

Ähnlicher Ringelpiez zum Anfassen auch in Aigues-Mortes, das sich dem heutigen Touristen von weitem noch ebenso darbietet mit seiner das quadratische Städtchen umgebenden wehrhaften Mauer wie dem mittelalterlichen Kreuzfahrer, der sich von hieraus auf seine Fahrt begab. Noch heute steht der Heilige Ludwig, der den Hafen für eben dieses Unternehmen bauen ließ und selbst nie das Heilige Land erreichte (Er starb an der Pest in Tunis.), auf dem Marktplatz und belächelt mit der Lauterkeit seines Charakters die sich in den Souvenirläden drängenden Touristen. Hier wird alles gekauft: Kunstvolles und weniger Kunstvolles, vom Tontopf über das zum x-ten Male reproduzierte Bild bis hin zur Metallmaus. Export des Glaubens wird zum Export der Kitschartikel. Welch Abstieg!

Das hatte aber sicher schon Michel de Notre Dame vorausgesehen, jener hochgebildete provencalische Jude aus Salon, einer kleinen Provinzstadt zwischen Aix und Arles, dessen einzige Attraktion eben jener Mediziner und Prophet des 16. Jahrhunderts ist. Überdimensional blickt er von der Häuserwand auf das Städtchen - in Farbe-, überdimensional steht er im kleinen Innenhof seines Wohnhauses - in Metall - und zu überdimensionalen Preisen wird sein Name als Zierde eines Gebäckstückes in den kleinen Patisserien der Hauptstraße angeboten. Er hatte vorausgesehen, dass die Provence beliebtes Reiseziel für von der Kälte geplagte nordländische Touristen sein wird, so wie er auch voraussah, dass gerade Du diesen Aufsatz gelesen hast.

NOTRE AUBERGE

Eine Insel - viele hundert Kilometer entfernt: weit entfernt vom ewig schmierigen Seifenfetthimmel, weit entfernt vom lärmenden Gestank, weit entfernt von der rastlosen Aktivität des Geldes. Verschlafen liegt sie vor uns, wohlig in die Mittagshitze ruhend: Notre Auberge Provencale. Ein alter Bauernhof, gesäumt von hohen Platanen, durch deren Blätter das helle Licht hindurchtanzt und Figuren auf den schattigen Boden wirft. Liebevoll angeordnete Tontöpfe mit bunten Sommerblumen stehen vorm Haus, und aus den Kästen unter den Fenstern fließen üppig rote Geranien. Über sie hinweg reckt eine zimtfarbene Mischlingshündin ihre Schnauze empor, ohne jedoch von uns auch nur im geringsten Notiz zu nehmen. Ihre wehmütige Aufmerksamkeit gilt vielmehr den laut gurrenden Tauben, die in den Bodenluken nisten und sich ab und zu hinauf in den blauen Himmel erheben. Ein anderer Vierbeiner döst derweil vor dem Eingangstor. Auch er beachtet uns nicht. Überhaupt scheint uns hier niemand zu beachten, nicht einmal die schweren aufgeplusterten Hennen, die sich in ihrer Siesta auf den grazilen Gartenstühlen nicht im geringsten von uns gestört fühlen. Erst wenn ihnen gegen Abend ihre auserkorene Lagerstätte von den Gästen streitig gemacht wird, beziehen sie ihr mit ausrangierten Sonnenschirmen gestaltetes Luxusheim hinter der Hecke. Noch aber erheben sie Anspruch auf die Plätze an den schon für den Abend gedeckten Tischchen.

Auf der Suche nach dem Hausherrn haben wir also offensichtlich keinen außer einer kleinen buntschillernden Eidechse gestört, die noch eben ein Sonnenbad nahm. Mürrisch gibt sie ihren Platz auf und verschwindet dann flink in der Hecke, während wir uns weitaus weniger flink und mit äußerster Vorsicht am schnarchenden Wachhund vorbei in das kühle Dunkel des Hauses begeben.

Vom Hausherrn ist jedoch auch hier weder etwas zu sehen noch zu hören. Stattdessen kommt uns nur ein kleiner kläffender Corgi entgegen. Aber auch seine Aufmerksamkeit gilt nicht uns, sondern einigen der Tauben, die auf dem Hof gelandet sind. Wir werden im Vorüberhoppeln lediglich mit einem abschätzigen Knurren bedacht.

Nachdem sich unsere Augen an das gedämpfte Licht gewöhnt haben, entdecken wir in der kleinen Halle einen großen massiven Eichentisch. Um ihn reihen sich sechs hochlehnige Stühle, die Bezüge aus eben dem bräunlich-getönten Gobelinstoff tragen, wie wir ihn auch an den Fenstern als schwere, bis zum Boden reichende Schals vorfinden. Auf dem Tisch steht eine bauchige Vase mit Sonnenblumen. Ein kleiner Kristallleuchter hängt von der Decke herab. Das ideale Bild eines stilvoll eingerichteten Landhauses, wenn es nicht verfremdet würde durch eine der supermodernen, gläsernen Telefonzellen, die man gewöhnlich nur auf der Straße findet. Hier jedoch bemächtigt sie sich plump einer Ecke des Raumes.

Unsere Erkundungen werden schließlich doch noch von einem Schlurfen unterbrochen, das das Erscheinen von M. Lampoule signalisiert. Etwas schlaksig kommt er uns entgegen, sich mehr gestört fühlend als erfreut. Er ist mittelgroß, mittelblond und mittleren Alters, wirkt jedoch aufgrund des regelmäßigen Genusses seines eigenen Kellergutes erheblich älter. Goldkettchen umspielen den Ausschnitt seines Hemdes, Goldkettchen zieren auch seine grazilen Handgelenke, ein fein gearbeiteter goldener Siegelring steckt an seinem linken kleinen Finger. Die Begrüßung erfolgt höflich, sehr zurückhaltend, endet mit der

Übergabe des Zimmerschlüssels, und ehe wir uns versehen, stehen wir wieder allein in der Halle.

Also holen wir zunächst einmal unsere Koffer, die wir an der Eingangstür abgestellt hatten, und tragen sie nun - wieder zurückgekehrt - die knarrenden Stufen der Treppe hinauf. Sie führt uns aus der Halle direkt auf einen schmalen endlosen Gang, von dem rechts und links zahlreiche Türen abgehen. Hier ist es noch dunkler, aber da sich unsere Augen bereits an das Dämmerlicht gewöhnt haben, finden wir das Schlüsselloch des uns zugedachten Zimmers ohne allzu große Mühe.

Zimmer 17: klein, elfenbeinfarbene Louis XVI-Möbel, Kristallleuchter, Gobelinstoffe. Blumen auf dem rechten der beiden Nachttischchen. Auch hier der einladende Stil des Hauses. Ebenso schön wie der Gelsenkirchener Barock in Deutschland, wenn auch nicht ganz so proper. Aber wir sind ja auch in Frankreich.

Die schwüle Luft verführt zum Öffnen der Balkontüren, auf den wir nur zu gern hinaustreten würden. Doch eine quer gestellte Pappe versagt uns das, vielleicht um die schon arg ramponierten Bodenkacheln vor einer weiteren Beschädigung zu schützen, vielleicht aber auch, um uns selbst vor einem Unfall zu bewahren. Wenig später beginnt es, wolkenbruchartig zu regnen. Und nun erfahren wir den eigentlichen Grund: Die Dachrinne ist verstopft, das Wasser - kaum gehindert von der Pappe - bahnt sich seinen Weg direkt über den Balkon unter der Tür hindurch ins Zimmer. Auch die schwere Tapete in der Nähe der Balkontüren scheint schon von einigen Regenfällen in Mitleidenschaft gezogen worden zu sein. Der aufgekommene Wind muss die Stromleitung unterbrochen haben, so dass das inzwischen angeknipste Licht erlischt. Auch das Wasser im rosa gekachelten Badezimmer versiegt. Die Klospülung scheint ohnehin nicht zu funktionieren, da ein wichtiges Teil, der sogenannte Schwimmer, fehlt, wie handwerklich begabte Ehemänner das sofort zu bemerken pflegen. Nach dem Motto "Rettet diese wundervolle Auberge!" gehen wir sogleich ans Werk und ersetzen sein Fehlen durch einen hellgrünen porösen Bimsstein, der sich in unserer Kulturtasche findet.

Bald schon eröffnet uns der wiederkehrende Strom, dass die im Badezimmer angebrachten beiden Leuchten ebenfalls defekt sind, was vom mit Ausdauer gesuchten Patron ohne Überprüfung sogleich bestätigt wird. Er beschwichtigt uns aber mit einem: "Pas de problème!", denn im Sommer ist es ja lange hell, und wir haben erst Juli. Dank unserer teutonischen Hartnäckigkeit ergattern wir vor dem Abendessen dennoch eine Glühbirne, eigenhändig vom Patron einer Wandleuchte im Speisesaal entnommen. Auch hier natürlich pas de problème (Es gibt ja schließlich mehrere Wandleuchten.).

Der Speisesaal selbst erweckt den gegenteiligen Eindruck der am Mittag erlebten Ruhe. Zwei Familien mit Kindern plaudern hier laut die Geheimnisse ihrer Sprösslinge aus und lachen wohlwollend über deren Abenteuer, während die den Gesprächsstoff Bietenden selbst bemüht sind, ihrer peinlichen Lage zu entkommen. Ein Gefährte, an dem man seine jugendlichen Kräfte messen kann, wartet schon auf sie im Hof, und mit dieser kleinen schwarzen Ziege tollen sie nun draußen herum - ungeachtet des Wetters.

Mehrere Einzelreisende sitzen an kleineren Tischen und tragen zu dem durch häufiges Lachen unterbrochenen Stimmengewirr erheblich bei, indem sie sich quer durch den Raum hindurch zuprosten oder in die Gespräche der beiden Elternpaare mit gutgemeinten Ratschlägen und lustigen Kommentaren einschalten.

Nur ein hageres Ehepaar sitzt schweigend in der Mitte des Saales. Während er sich bemüht, mit einem freundlichen Lächeln Kontakt zu dem gemütlichen Einzelreisenden am Nebentisch aufzunehmen, kaut sie eisig an ihrem gedünsteten Lachs in Knoblauchsoße, der zweiten Vorspeise des fünfgängigen Menus. Ihren Mann würdigt sie dabei keines Blickes, ganz im Gegensatz zu dem nicht allein in Ehren ergrauten Zausel, einem weiteren der Wachhunde hier, deren Anzahl unüberblickbar zu sein scheint. Natürlich wirft sie ihm ein Stück Lachs vor die Pfoten, was diesen seine Zutraulichkeit nahezu übertreiben lässt. Schmachtend drängt er sich an ihren Stuhl heran, legt sich ihr zu Füßen, seinen Kopf in ihren Schoß. Ein triumphierender Blick trifft ihren nun wieder ausschließlich mit dem Essen beschäftigten Ehemann. Ja, der Hund mag sie eben. Tiere spüren nämlich, welchen Charakter ein Mensch hat. Diese Feststellung wird sogleich mit einem zweiten Stück Lachs bekräftigt - und einem weiteren Blick des Triumphes in Richtung des Gatten.

Inzwischen haben auch wir unseren Platz gefunden, nicht ohne zuvor beinahe im ländlichen Glück ausgeglitten zu sein, denn einige der kleinen braunen Hühner sind in Anbetracht des noch immer regnerischen Wetters ins Haus geflüchtet und rennen nun wie aufgezogen zwischen den Tischen hin und her, um ebenso wie der alte Zausel noch einige Bissen zu ergattern. Vom Ausdruck des absolut zufriedenen Hundes animiert, entscheiden auch wir uns für den gedünsteten Lachs in Knoblauchsoße als Vorspeise.

Frederic, ein nicht mehr ganz junger Kellner mit Halbglatze, der sich durch seine nie zu beeinträchtigende Schlagfertigkeit auszeichnet, bringt sie an unseren Tisch, nicht ohne einen Scherz auf den Lippen, der natürlich nicht nur uns, sondern auch den Nebentisch belustigt.

Unter dem Lachen der Gäste verscheucht er auf seinem Rückweg zur Küche die auf dem Gang lagernden Hühner, die zeternd und mit ausgebreiteten Flügeln unter die nächstliegenden Tische fliehen.

Schon wieder beladen mit Tellern und Gläsern muss der gute Frederic nun Zausel ausweichen und trifft mit der Schulter an ein Bild, das daraufhin vom Haken fällt. Ohne Schaden genommen zu haben, wird es auf der Heizung abgestellt. Mit Lea Mignon unterzeichnet, zählt es eher zur Sonntags- als zur avantgardistischen Malerei. Mindestens zehn dieser liebevoll in Öl gepinselten Bilder der Dame hängen hier im Speisesaal: ein Blumenstrauß, eine Gasse, das Meer, Zypressen, Felder mit und ohne Lavendel. Lea saß nämlich ebenso wie wir in diesem Restaurant, sie schlief auch ebenso wie wir in einem dieser Zimmer, nur konnte sie nicht ebenso wie wir in barer Münze zahlen. Also pinselte sie in Öl.

Wir sind beim Käse, dem letzten Gang unseres Menus, angelangt. Nach den vorangegangenen üppigen Köstlich-keiten können wir ihn nur noch langsam in uns hinein-stopfen. Eine über alle Maßen satte und zufriedene Stim-mung breitet sich im Speisesaal aus. Die Gespräche werden gedämpfter. Nur ab und zu mal ein Lachen zwischendurch. Gleichmäßige Untermalung durch das Prasseln des Regens auf dem Hof. Der kleinere der beiden Jungen am Familientisch schläft bereits, den Kopf auf beide Arme gestützt und von den Stimmen seiner Eltern und deren Freunden in den Schlaf gewiegt. Vermutlich gewinnt er gerade den Kampf mit der kleinen schwarzen Ziege. Auch der Tisch, an dem das unterkühlte Ehepaar saß, steht jetzt verlassen. Zwei zusammengeknüllte Servietten, ein paar Krümel neben der noch halb vollen Wasserkaraffe und ein Rotweinfleck - natürlich auf seiner Seite - erinnern noch an die beiden.

Also erheben auch wir uns, um - ein Stück des Weges vom alten Zausel begleitet - auf unser Zimmer zu gelangen.

Der nächste Morgen überrascht uns mit einem strahlend blauen Himmel. Etwas verspätet werden wir vom Hahn des Hofes begrüßt, der seinen Schlafplatz auf den Ästen einer der großen Platanen bereits verlassen hat. In klarer, wenn auch noch etwas kühler Luft nehmen wir auf den weiß lackierten Gartenstühlen Platz, auf denen sich am Vortag die Hühner breitgemacht hatten. Heute Morgen zeigen sie sich aktiv und laufen wie aufgezogen mit ihren Küken zwischen den Gängen der Tische hin und her, selbstverständlich in der Absicht, am Frühstück teilzunehmen. Kommt man ihrer Erwartung durch fortwährendes Herabwerfen von Baguettestückchen nicht nach, so erdreisten sie sich keck, den Frühstücksgast an seine Pflichten der Nächstenliebe zu erinnern, was uns überdenken lässt, ob Sandalen hier tatsächlich das geeignete Schuhwerk sind. Ihr Erfolg spricht sich herum, so dass nun auch noch weitere Tiere zum Frühstück erscheinen.

Nur die Hunde bevorzugen das Abendessen. Um diese Zeit machen sie sich nämlich schon auf den Weg, die zahlreichen zur Auberge gehörenden Schafe zur Weide zu begleiten. Die Schwester M. Lampoules, eine schlanke, unwahrscheinlich resolute Frau, öffnet dazu auch schon das Gatter. Bei so viel Aktivität können wir nun auch nicht länger sitzen bleiben. Auf geht`s zu unserem ersten Abenteuer in der Provence!

LA BELLA TOSCANA

EIN LEBEN WIE IM PARADIES

Wenn es einen Himmel auf Erden gibt, dann befindet der sich in der Toscana. Das stand für unsere Familie fest und wir genossen viele Jahre lang den Sommer in dieser traumhaften Gegend.

Meine erste Begegnung mit der Toscana verdankte ich einer gemeinsamen Kursfahrt mit meiner Freundin Angelika. Es war die lustigste Oberstufenreise, die ich je geleitet hatte. Im Jahr darauf wollte ich diese wunderschöne Erfahrung mit meiner Familie in den Herbstferien teilen. Ungeachtet, dass diese im November lagen, mieteten wir uns ein sehr hübsches neu errichtetes Landhaus auf einem der Hügel oberhalb von Florenz. Diese stilvolle Villa war malerisch von Olivenbäumen umgeben, so wie es sich für die Toscana gehört. Und obwohl es ziemlich kalt war, die über zwei Stockwerke verteilten Betten arg klamm, das riesige Haus mit einem ca. 60 Quadratmeter großen Wohnraum kaum über 17 Grad zu bekommen, stand es für uns alle vier fest: In dieser Gegend verbringen wir jetzt immer unsere Ferien. Nur planten wir, eine angenehmere Jahreszeit zu wählen, denn so horrende Heizkosten wie für den kleinen Ofen von der Edelmarke Lamborghini, der im Keller stand, hatten wir eigentlich nicht vor, jedes Mal zusätzlich zu zahlen. Immerhin hatten wir gelernt, dass man in Italien grundsätzlich eben gerade wegen der Kosten äußerst sparsam oder gar nicht heizt. Und wir lernten in der Folgezeit auch, dass die Toscanesi als die Schotten unter den Italienern galten, was ihrer Liebenswürdigkeit jedoch keinen Abbruch tat und mit Sicherheit auch eine viel zu pauschale Beurteilung ist.

Fürs Erste schaute sich Michael nach einem Häuschen für uns beide um. Bedingung war ein Klavier. Leider zerschlug sich der Plan, obwohl er ein solches gefunden hatte. Mit

Klavier! Aber vielleicht muss ich auch „zum Glück" sagen. Schließlich konnte ich ja auch mein E-Piano aus Berlin mitnehmen, wenn ich auf das Unterteil verzichtete.

In den Sommerferien gelangten wir somit zunächst einmal für 14 Tage in die Nähe von Pontasieve, ca. 50 km östlich von Firenze. Mitten in der nicht ganz bilderbuchtypischen Landschaft der Toscana lag San Francesco, unser erstes Haus, das wir nach einer guten Viertelstunde Autofahrt ab der geteerten Landstraße über einen schmalen holprigen Sandweg erreichten. Wow! Es glich einer Opernkulisse. Riesig, heruntergekommen, mit Nebengelass, Scheune, intimem Hof, riesiger Terrasse vor dem Haus, einer weinberankten Pergola und nach unten abfallendem Garten hinter dem Haus. Dieser war so undurchdringbar verwildert, dass wir die wackeligen Steinstufen hinunter nie ausprobierten.

Wenn man nach vorn aus dem Fenster in die Höhe blickte, sah man in der Ferne über der ansteigenden Wiese mit Olivenbäumen die Villa der Gräfin, der das gesamte Anwesen mit seinen vier großen Landarbeiterhäusern aus dem 19. Jahrhundert gehörte. Nur gab es diese Landarbeiter schon lange nicht mehr, außer einem Faktotum für alle möglichen Arbeiten und einem Verwalter nebst Familien. San Francesco und das etwas höher gelegene San Paolo wurden inzwischen an Feriengäste vermietet, das zehn Minuten entfernte Haus gegenüber an drei Familien aus Florenz. Sah man aus den hinteren Fenstern, so blickte man über Hibiskusstrauch und Feigenbaum hinweg auf sanfte Hügel und ganz weit in der Ferne auf eine Zypressenallee. Alles bis auf diese, wie gesagt, nicht ganz typisch für die Toscana, sondern eher ein wenig an eine Hügellandschaft in nördlicherer Gegend erinnernd.

Waren wir vom Äußeren des alten Gemäuers schon mächtig beeindruckt, so beglückte uns das Innere mindestens ebenso. Den Vorraum nahm über die gesamte Wand rechterhand ein riesiger Kamin ein, in dem wir an der Seite auf einer Holzbank sitzen konnten, wenn es an Regentagen so kalt war, dass die Wärme des Feuers einen auf der alten Ledercouch vor dem Kamin nicht mehr erreichte. Ein paar Stufen führten hinunter in die Küche, auf deren Feldsteinboden aus dem 11. Jh. ein paar alte in der Villa ausrangierte Holzküchenmöbel standen. In der Mitte natürlich ein großer Tisch, wie sich das für eine italienische Landhausküche gehört. Die Brotfachklappe im Küchenschrank aus den Vierzigern war angeknabbert. Ratten oder ein Bilch mussten es sich über den Winter hier wohl gemütlich gemacht haben. Sie wussten genau wie wir das alte Haus zu schätzen, das vermutlich für an pieksaubere Hotels gewöhnte Gäste der Horror sein musste.

Vom Kaminraum führte eine Treppe nach oben ins riesige Wohnzimmer, das eher einem Saal glich. Auch hier stand im Zentrum wieder ein großer alter Tisch, was natürlich für Geselligkeit und gutes Essen der Italiener bürgte. Am Fenster ein Schreibtisch, in einer Ecke ein völlig unterdimensionierter kleiner eiserner Ofen, an dem wir uns bei kühleren Regentagen in einem Umkreis von eineinhalb Metern einbilden konnten, ein wenig Wärme zu erhaschen. Ansonsten mussten wir bei solchem Wetter Schüsseln an den Stellen aufstellen, an denen der Regen durchs Dach tropfte. Zum Glück regnete es selten. Von einem schmalen Flur gingen hier oben zwei große und ein kleineres Schlafzimmer sowie das Bad ab. Wir waren zufrieden.

Wieder unten kam man vom intimen Innenhof aus durch eine zweite knarrende Holztür in einen riesigen Raum, dessen einzige Bestimmung es war, eine Tischtennisplatte zu beherbergen. Unsere Inspektion war beendet. Die Oper konnte beginnen.

Und sie begann gleich am nächsten Morgen mit der Cavalleria Rusticana, allerdings weder ebenso tragisch noch so voller Eifersucht, dafür jedoch mit Pferden. Denn als wir uns zum Frühstück ins Freie begaben, wurden wir stürmisch von fünf hellbraunen Mähnentieren auf der oberen Terrasse in Empfang genommen. Sie ähnelten meinem Haflinger Alex in Berlin, waren aber etwas fülliger. Wie wir später erfuhren, waren sie keine richtigen Hoppi-Galoppis, obwohl ich auch einmal auf ihnen geritten bin. Ihre Bestimmung war vielmehr die der Zucht zur Fleischverarbeitung. Immerhin hatten sie bis zu ihrem Opfertod ein herrliches Leben in unbegrenzter Freiheit auf den weiten Wiesen des Anwesens, wo überall Tränken für sie aufgestellt waren. Als etwas störend erwiesen sich nur die dicken Bremsen, die sich meist um sie scharten. Deshalb wurden diese Pferde auch in den folgenden Jahren nie unsere echten Freunde.

Oben auf San Paolo, das wir einige Jahre später bewohnten, jagte Michael sie sogar quer vor sich her über die Wiesen, als sie es sich zu gemütlich bei uns machten. Es war ein lustiger Anblick: Michael zwei Kochtopfdeckel aneinanderschlagend und die Pferde inmitten von diesen lästigen Bremsen vor ihm her trabend. Auch unsere Florentiner Freunde vom Nachbarhaus und das Faktotum der Gräfin taten Ähnliches, wie sie uns lachend einmal berichteten. So galoppierten die Cavalli dann von einem Grundstück zum anderen.

Frisch in der Toscana gelandet, kamen wir natürlich fast jeden Tag dem Bedürfnis nach, das Haus zu verlassen, um uns die vielen Renaissancebauten und Kunstwerke anzusehen, angefangen von den Villen auf den Hügeln über Florenz bis zu den vielen Museen in der Stadt am Arno selbst. Ein wahrer Rausch, an dem wir die nächsten Jahre auch unsere Freunde aus München und Berlin teilhaben ließen. Einmal kamen wir zurück aus Florenz, schlossen mit einem gewaltigen Eisenschlüssel die Tür zum Kaminraum auf und bemerkten etwas später, dass die danebenliegende zum Tischtennisraum sperrangelweit offen stand. Kein Dieb, nein. Natürlich nicht. Schusselig hatten wir nur vergessen, sie zu schließen. Auf dem Lande war es also kein Problem, die Türen offen zu lassen. In den italienischen Städten mag das wohl anders gewesen sein, wie wir es in Rom und Neapel bemerkt, aber selbst nie am eigenen Leibe erlebt hatten. Den unhandlichen Schlüssel legten wir fortan unter die Matte, wenn wir für einen Ausflug das Haus verließen.

Die Landkatzen waren weniger zurückhaltend als vermutliche Einbrecher. Um sich lieb Kind zu machen, legte eine der Miezen uns drei tote Mäuse vor die Schwelle und hatte sicherlich wenig Verständnis dafür, dass wir die angegammelten Leichen mit dem Besen fortkehrten. Nichtsdestotrotz war der Hunger größer und sie besuchte uns an jedem Tag, um sich Milch und feines Fresschen abzuholen. Vor allem unsere Freundin Brigitte kümmerte sich sorgsam um ihr leibliches Wohl. Sogar in den Kaminraum folgte uns unser Gast, um sich auf meinem Schoß zu rekeln. Die Krallen der Mieze waren durch meine Jeans recht unangenehm spürbar, wovon sie sich jedoch wenig beeindrucken ließ.

Natürlich ließen wir auch Vater und Mutter einfliegen und holten sie am Flughafen von Siena, später am Flughafen von Florenz ab. Brigitte gab ihnen Geleit. In San Francesco war das mit Mutter allerdings ein ziemliches Fiasko. Sozusagen ein Blutbad auf dem Lande. Die Arme hatte unter Hämorrhoiden zu leiden. Wie die Badewanne aussah, kann man sich vorstellen. Zum Glück für sie und für uns ließ sie diese Störfaktoren nach dem Urlaub wegoperieren.

Aber unsere Gäste mussten wir nicht einmal einfliegen lassen. Es gab einen erstaunlichen Zufall. Michael und ich kamen gerade von der gräflichen Kirche zurück, die der Villa gegenüberlag. Eigentlich wollten wir zur Gräfin und wanderten die Allee geradeaus auf die Villa zu. Je näher wir kamen, desto mehr verwirrte uns der Anblick. Das konnte doch nicht sein! Aber es war so. Die Gestalt aus dem 19. Jahrhundert, die gerade unter einem riesigen Sonnenhut dort vor der Villa entlangflanierte, war meine alte Schulfreundin Jutta, die ich jahrelang nicht mehr gesehen hatte. Noch immer trug sie die langen dunklen Haare offen über einem knöchellangen Wallegewand, genau wie damals im Gymnasium. Alte Erinnerungen wurden wach: wie wir in trautem Einvernehmen uns gegenseitig unsere Kunstpostkarten zeigten und errieten, wer der Maler war, aber auch, wie wir gegeneinander um die Gunst unseres Klassenlehrers rangen, und das keineswegs wegen der Zensuren. Es war ein Juchzen und wir umarmten uns herzlich in unserer Wiedersehensfreude.

Jutta und ihr Mann verbrachten ihre Ferien im Bedienstetenhaus neben der Villa. Sofort beschlossen wir, die Sommertage zu häufigen gegenseitigen Besuchen zu nutzen. Da es noch kein Handy gab, kam Juttas Mann Peter, der eine Zeit lang als Pfarrer bei der Marine gedient hatte, auf die Idee, sich mit uns mittels Flaggensprache zu verständigen. Zu bestimmten Zeiten blickten wir dann zum Villenbereich nach oben und sahen in der Ferne Peter mit dem Handtuch herumwedeln. „Kommen um 20 Uhr." Und um 20 Uhr stand dann in unserem Wohnsaal im ersten Stock ein leckeres italienisches Mahl auf dem Tisch, das Michael in unserer Katakombenküche für unsere Gäste zubereitet hatte.

Leider konnten wir im äußerst pittoresken San Francesco nur drei Sommer lang verbringen, da das Haus von einem

34

Anwalt aus Florenz ganzjährig fürs Wochenende gemietet wurde. Zunächst trauerten wir, denn das oberhalb gelegene San Paolo, das wir als Ersatz erhielten, erschien uns weitaus weniger malerisch und fotogen. Aber während der folgenden Jahre stellte sich recht bald heraus, dass das neue alte Gemäuer mit seinen sechs Schlafzimmern und riesiger Terrasse weitaus bequemer war. Sogar einen Treppenlift hatte die Gräfin einbauen lassen, den jedoch unsere Uhus (unter 100) nie benutzten.

Das Jahr, bevor wir unsere Beiden mitsamt allem Kram für die Sommerwochen gleich mitnahmen auf die zweitägige Fahrt im großen und doch zu kleinen Passat, hatte sie Brigitte noch einmal per Flugzeug eine Woche später gebracht, damit wir Gelegenheit hatten, das Haus in aller Ruhe nach unseren Bedürfnissen einräumen, durchputzen und mit Lebensmitteln ausstatten zu können.

Zunächst kamen wir beide jedoch ziemlich geschafft nach den zwei Tagen auf der Autobahn abends in San Paolo an. Mit dem großen eisernen Schlüssel, den wir zuvor in der Villa abgeholt hatten, schlossen wir die riesige Doppelflügeltür zum Vorraum auf. Dessen Boden bestand ähnlich wie in San Francescos Küche aus Feldsteinen, nur waren sie bei weitem nicht so alt wie dort. Das kastenförmige einstöckige Feldsteinhaus war allerdings genau wie unsere Opernkulisse aus dem 19. Jahrhundert.

Neben dem Eingangsraum, den fast gänzlich ein riesiger Tisch ausfüllte, gelangten wir linkerhand in die ebenerdige Küche, deren Zentrum auch hier wieder von einem langen Holztisch eingenommen wurde. An der linken Wand der riesige Kamin, an der hinteren ein monströses Holzvertiko, auf dem wir unsere Lebensmittelvorräte stapelten. Das steinerne Waschbecken mit Abflussrinne zum Auffangen des Blutes der ursprünglich hier geschlachteten Tiere gab es noch immer. Inzwischen darüber einen Elektroboiler für warmes Wasser. Der Kühlschrank war vermutlich in der Villa ausrangiert worden - wie wohl auch das gesamte Mobiliar in beiden ehemaligen Landarbeiterhäusern. Wir entdeckten sogar noch ein Hakenkreuz auf den Tellern im Schrank, denn während des Zweiten Weltkriegs war in San Paolo einmal das deutsche Militär einquartiert gewesen. Die Toscanesi sind eben sparsam. Da kommt nichts weg, auch wenn die Gräfin mit ihren Schwestern 36 Güter, einen Palazzo in Florenz und eine eigene Kapelle in der berühmten Santa Maria Novella ihr eigen nannte. Dessen ungeachtet wurde nicht geheizt. Auch oben bei ihr in der Villa nicht. Und die resolute Frau, die häufig auf ihrem Traktor anzutreffen war, ging mit ihren Hunden ins Bett, um sich bei kaltem Wetter an ihnen zu wärmen. Das war verbürgt.

Auf der rechten Seite des Erdgeschosses lag unser ziemlich düsteres Wohnzimmer mit einer Ledergarnitur. Einen großen Tisch schob ich mir ans kleine vergitterte Fenster und erhob ihn somit in den Rang meines Schreibtisches. Hier verfasste ich morgens, wenn alle noch schliefen, eines meiner Theaterstücke. Natürlich gestärkt von einer Tasse Kaffee und viel Kaffeesahneschokolade, sehr viel. Zuweilen wurde ich von einer Spinne am Fenster abgelenkt, der ich fasziniert zuschaute, wie sie eine Fliege mit ihren Fäden umwickelte. Das ist Natur.

Über eine recht steile Steintreppe schleppten wir nach unserer Ankunft das umfangreiche Gepäck von vier Personen nach oben und bezogen zwei der sechs Schlafzimmer. Das dritte mit alten weißen Holzbetten war für Vater und Mutter reserviert, die kleineren nach hinten liegenden mit Blick auf die große Wiese für Gäste oder in Ermangelung solcher für die leeren Koffer. Zwei Badezimmer, eines in rosa, das andere in lindgrün, ergänzten das Obergeschoss, in dem man direkt acht Meter über uns durch die freiliegenden Balken zu den Tonschindeln - Mönch und Nonne – des Daches hinaufschauen konnte.

Zum Glück war das in diesem Haus dicht. Und es war ideal für kleine Bilche, wie sich in einem Jahr einmal herausstellte. Denn direkt über meinem Bett hatte sich ein solches Tier eingerichtet. Verwundert bemerkte ich jeden Morgen, dass sich auf meiner Bettdecke so seltsame Krümel befanden. Und eines Tages sah ich dann, wie so ein possierliches Kerlchen seine Stube über mir sorgfältig mit seinem Puschelschwanz fegte. Direkt über meinem Bett war das zwar nicht sonderlich hygienisch, aber ich ließ es gewähren und freundete mich trotzdem mit ihm an. Woher sollte der kleine Nager denn schließlich mit deutschen Hygienevorstellungen vertraut sein?

Tiere gab es im Übrigen genug in und außerhalb der gräflichen Häuser. Schließlich lebten wir mitten in der Natur. Blickte ich aus meinem Schlafzimmerfenster in den Garten hinterm Haus, so grasten in der kühlen Morgendämmerung regelmäßig Rehe, Hasen und Wildschweine zwischen den alten Bäumen auf der Wiese. Aber auch im Gebäude selbst fanden sich so einige Tierchen. Deshalb zogen Michael und ich jeden Abend durch alle Zimmer und sammelten mit Glas und Postkarte bewaffnet sämtliche farbenfrohen Raupen, Käfer und Skorpione von den weiß getünchten Wänden, um sie ins Freie zu befördern. Weniger lustig war es allerdings einmal, als ein Skorpion direkt von der Decke auf Michael Kissen plumpste, während der seine Siesta hielt. Vor diesen Viechern hatten wir Respekt, auch wenn sie in der Toscana im Gegensatz zu Afrika nicht giftig waren. Aus Vorsicht hingen wir unsere Schuhe ab diesem Erlebnis an den für unsere Kleidung vorgesehenen Wandhaken auf. Wie gut, dass wir mit zahlreichen Western vertraut waren.

Ebenso wenig angenehm waren auch die Hornissen in der Scheune, die unsere Terrasse begrenzte. Zu meiner Schande muss ich gestehen, dass ich auf die Strohballen nach oben bis zu ihrem Nest geklettert war, um sie mit Gift auszurotten. Gerächt wurden sie von einer heimtückischen Wespe, die genau auf dem Stuhl auf mich wartete, auf den ich mich später setzen sollte. War nicht sonderlich angenehm, aber nicht tödlich, jedenfalls für mich. Ganz im Gegensatz zum erwachsenen Sohn des Verwalters, der offensichtlich allergisch war. Nach einem Wespenstich schaffte er es tragischerweise nicht mehr, den 15minütigen Helikopterflug nach Florenz ins Krankenhaus lebend zu überstehen. In dem Jahr herrschte natürlich Trauer auf dem ganzen Gelände.

Weitaus weniger gefährlich, mich aber völlig nervend, waren die fliegenden Ameisen, die mich staunen ließen, wie sie sich innerhalb von Minuten ins Unendliche vermehrten. Eine Primärerfahrung. Als mich Hunderte von diesen geflügelten Insekten beim abendlichen Lesen in meinem Bett anfielen, bekam ich es mit der Panik zu tun. Mir fiel nichts Besseres ein, als Londons großes Feuer zu entfachen, bei dem alle diese Biester ihr Leben ließen. Dafür schäme ich mich noch heute.

Selbstverständlich gab es auch ganz wundervolle Begegnungen mit der Fauna in unserem Refugium. Als Michael und ich im ersten Jahr nach einer späten Ankunft das Auto ausgeladen hatten und endlich völlig übermüdet am Tisch vor dem Haus zur Ruhe kamen, trauten wir unseren Augen nicht. Vor uns unterhalb der Terrasse stand auf der Wiese ein Einhorn im Licht des Vollmondes - inkognito. Verkleidet als Schimmel. Und um das Einhorn schwirrten Unmengen hell leuchtender Glühwürmchen. Dazu die milde Luft des Sommerabends. Ein Märchen, wie es nicht schöner im Bilderbuch hätte sein können. Wir waren hingerissen. Am Wein lag es nicht. Es war auch kein Traum. Dieses Märchen war real.

Dafür erlebten wir am nächsten Morgen gleich das Kontrastprogramm. Kriegsstimmung live. Zwei Jäger erdreisteten sich tatsächlich, auf unserem Grundstück einen Volpe zu verfolgten. Das konnten wir nicht zulassen und zogen gegen die Feinde unseres armen Fuchses zu Felde. Mit einem Fernglas bewaffnet beobachteten wir die beiden Flintenmänner demonstrativ und machten einen so fürchterlichen Krach, dass der arme Fuchs das Weite suchte. Dann konnten wir nur noch hofften, dass die Jäger ihn nicht wieder aufspüren würden. Die Jagd ist ein Negativum, das in Italien zu beklagen ist, ganz abgesehen davon, dass auch die Singvögel mit Leimruten gefangen und auf jedem Mark feilgeboten werden. Zum Glück war unser Gehöft abgesehen von der Jägerepisode doch noch verhältnismäßig paradiesisch.

Ebenfalls im ersten Jahr unseres Aufenthalts in San Paolo war ich in Berlin kurz vor unserer Abreise vom Pferd gefallen. Dux war zwar verdammt groß, aber mindestens ebenso lieb. Man konnte mit ihm prima wie mit einem Hund an der Leine spazieren gehen. Der Hengst hatte nur eine Macke: Er war überaus schreckhaft. Meist ohne erdenkbaren Grund. Und so ging er mit mir auf dem Rücken in der Reithalle durch. Niemand wusste warum. Die Reitlehrerin brüllte: „Nicht die Peitsche. Nicht die Peitsche!" Ich verstand nur: "Peitsche!" Und ohne nachzudenken, knallte ich ihm dämlicherweise diese auf den Hintern. Natürlich galoppierte er daraufhin noch einen Zahn schneller durch die Halle. Da es allen bekannt war, dass Dux steigt, hob ich superschlau mein Bein über die Kuppe und ließ mich elegant während des Galopps an der Flanke vorbei herunter in den Sand gleiten, natürlich nach Vorschrift: abgerollt. Doch als ich wieder aufsitzen wollte, be-

merkten Michael und ich meine in Sekunden ange-
schwollene Hand. Der Weg führte uns direkt ins Krankenhaus. In meiner Reitmontur mit Gerte und Stiefeln
muss ich wohl eine ziemliche Lachnummer gewesen sein.
Ich selber lachte weniger, da eine Fraktur der Mittel-
handknochen diagnostiziert wurde und man mich für eine
Operation vorsah. Überzeugen ließ ich mich von deren
Notwendigkeit jedoch erst, als ich zwei Nachbarinnen in
unserem Haus, beide Ärztinnen, konsultiert hatte. Vater
war enttäuscht, dass es nicht sofort zum abgemachten
Termin nach bella Italia ging.

Um die Enttäuschung nicht allzu groß werden zu lassen,
fuhren wir sofort nach der Operation mit nur einer Woche
Verspätung los. Da Michael seiner Lernfähigkeit im
Schnellkurs bei unserem Tierarztfreund misstraute, der
ihm das Fädenziehen am Beispiel eines Dackels beibrin-
gen wollte, war es gut, dass Brigitte ein paar Tage später
zusammen mit meinen Eltern per Flugzeug nachkam.
Obwohl als Augenärztin etwas geübter, lagen wir dann
trotzdem beide fix und foxi nebeneinander und Michael
brachte uns erst einmal nach überstandener Prozedur
einen starken Kaffee ans Bett.

In derselben Woche waren ein paar Tage zuvor auch
unsere Freundin Angelika und deren Partnerin Mechthild
zu Besuch gekommen, die noch nichts von meinem Unfall
gewusst, aber wohl den siebenten Sinn gehabt hatten,
denn sie brachten mir als nachträgliches Geburtstags-
geschenk das Buch „Der Palio der toten Reiter" mit. Wir
lachten Tränen.

Als beide zwei Tage später wieder abgefahren waren,
machten Michael und ich einen Ausflug nach Firenze, wo
ich nichts Besseres zu tun hatte, als durch ein kleines,
völlig unbedeutendes Warenhaus zu bummeln. Das Vergnügen dauerte nicht lange. Es wurde abrupt dadurch

beendet, dass ich auf der Treppe zum Untergeschoss abrutschte und mich beim Fallen mit der gebrochenen, zum Glück geschraubten, Hand instinktiv auffing. Die Hand schwoll ebenso schnell an wie meine Angst. Als wir kurz danach Angelika und Mechthild zufällig auf der Straße trafen, gab es kein gemeinsames Kaffeetrinken, nicht einmal einen Plausch. Ich hatte nur noch eines im Kopf: meine Hand. Also ab mit dem Taxi ins Krankenhaus. Im Wartezimmer unterhielt uns der Fahrer des Crosso-Azurro-Rettungswagens mit dem genauen Unfallhergang eines Verkehrsopfers, das er gerade eingeliefert hatte. Ebenso wenig Diskretion gab es dann auch im Sprechzimmer, in dem eine andere Patientin und ich nebeneinander auf Stühlen den Arzt erwarteten. Die Italienerin hatte es mit dem Rücken und musste sich dann vor meinen Augen bis auf die Unterwäsche entkleiden. Diskretion und Schweigepflicht: Was war das denn? Stattdessen eine Hierarchie, die die in deutschen Krankenhäusern noch bei weitem in den Schatten stellte. Während mein lieber Michael mich nicht einmal ins Wartezimmer begleiten durfte, fühlte sich selbst der Krankenpfleger uns Patienten meilenweit überlegen. Aber eigentlich war mir das egal. Ich wollte nur eine Röntgenaufnahme. Und die bekam ich mit einem Befund, der mich aufatmen ließ. Die Schrauben in der Hand saßen noch fest an den Stellen, an denen sie im Berliner Krankenhaus angebracht worden waren. Eine Rechnung uns zuzustellen, vergaß man netterweise. Präzision versus charmante Schusseligkeit.

Nachdem sich das Sommerprocedere in unserem Landhausleben eingespielt hatte, nahmen wir Vamu gleich im Auto auf die Reise mit, so dass auch sie die volle Ferienzeit in der Toscana genießen konnten. Den Wagen voller Klamotten, Lesekisten, deutschen Lebensmitteln einschließlich Pralinen für unsere italienischen Freunde, Laptops und Bügeleisen ging es los. Um alles verstauen zu können,

41

kauften wir uns einen sogenannten „Dachsarg", der gute Dienste leistete. So erreichten wir am ersten Tag das Hopfengebiet kurz vor München, wo immer im selben Gasthof übernachtet wurde. Nicht gerade mit dem ersten Hahnenschrei ging es am nächsten Morgen weiter über die Autobahn, rechts und links die Alpen, auf deren Bergspitzen uns malerisch gelegene Burgen flankierten, durch lange dunkle Tunnel, an deren Ende Italien wartete. Die Berge bildeten in der Regel eine Wetterscheide. Fuhren wir in Deutschland im Regen los, so erstrahlte fast jedes Mal die Sonne, wenn wir in unserem Urlaubsland angekommen waren. Natürlich heizte sie unser Auto ganz schön auf, so dass wir glücklich über die Klimaanlage waren. An einer der Autobahnraststätten stärkten wir uns mit Capuccino und Panino, denn bis zum frühen Abend mussten wir durchhalten. Erst am späten Nachmittag konnten wir aufatmen, wenn uns die Kuppel der Santa Maria del Fiore begrüßte. Dann wussten wir: Jetzt sind wir wieder zu Hause. Eine gute Stunde später hielten wir schließlich vor der Villa, wo uns nach herzlicher Begrüßung die Gräfin unseren Schlüssel für San Paolo aushändigte. Und dann ging es über den schmalen kurvenreichen Sandweg noch gut zehn Minuten hinunter zum Haus. Unmöglich war es dort, die Wagentüren sofort zu öffnen, denn unser rotes Auto wurde von zahlreichen dicken Bremsen eskortiert, deren Stiche ziemlich unangenehm waren.

Als wir dann endlich unsere Koffer ins Haus getragen hatten, ging es nicht unter die Dusche und ab ins Bett, sondern den Weg gleich weiter zu unseren italienischen Freunden hinunter in deren Wochenendhaus. Hier wurden wir jubelnd empfangen. Am großen Tisch auf der Terrasse dampften schon die Spaghetti und das fröhliche Palaver begann. Trotz aller Wiedersehensfreude war dieser erste Abend immer recht anstrengend, nicht nur wegen der zwei Tage auf der Autobahn, sondern auch, weil wir achteinhalb Monate kein Italienisch mehr gesprochen hatten, abgesehen von einigen Telefonaten. So begnügten wir uns dann meist mit Zuhören. Und endlich dann, drei Stunden später, fielen wir alle vier todmüde, aber glücklich in unsere Betten in San Paolo.

Unser erster Tag diente dem Hausputz. Und zwar äußerst gründlich, nachdem ich in einem Jahr einmal Bekanntschaft mit Hundeflöhen hatte machen müssen. Bei über 200 Flohstichen an meinen Beinen zog ich nicht nur weiße Kniestrümpfe zum Schutz an, sondern flutete auch das Haus, was bei den Fußböden aus Backsteinen ohne Weiteres möglich war. Erst dann war Ruhe. Aus Erfahrung behielt ich diese Grundreinigung alle weiteren Jahre bei. Mitten auf dem Land war es natürlich immer staubig, besonders wenn es wochenlang nicht geregnet hatte. Mein tägliches Requisit wurde also der Besen, mit dem ich wacker an jedem Vormittag durchs Haus zog, während Mutter den Staub von den alten Möbeln zu wischen hatte. Auch die Waschbecken bekamen wir bis zum Ende unserer Sommeraufenthalte immer wieder weiß. Nach all den Jahren war San Paolo irgendwie zu uns gehörig. Und deshalb fühlten wir uns auch dafür verantwortlich.

Normalerweise begann ein Tag bei uns schlafend. Allein ich war in aller Frühe schon auf den Beinen, um in der noch kühlen klaren Morgenluft meine Chi Gong-Übungen auf der Terrasse zu absolvieren. Anschließend bereitete ich mir in der Stille des Hauses einen Kaffee und kramte in der Küche nach Schokolade, um mein Tagwerk am Wohnzimmer-Schreibtisch zu beginnen. Hier entstand über mehrere Jahre auch mein erstes Theaterstück. Mit zwei gefüllten Tassen stieg ich drei Stunden später die Treppe wieder hinauf ins Obergeschoss und servierte Michael seinen Morgenkaffee am Bett. Inzwischen wurde es draußen wärmer. Michael machte sich landfein, d.h., er zog

Shorts und T-Shirt über. Wieder unten in der Küche bereiteten wir unser beider Frühstück, das wir dann noch in aller Ruhe am großen Tisch auf der Terrasse genossen.

Gegen 11 Uhr waren schließlich auch Vamu so weit, zum Frühstück aus dem Haus zu kommen. Nun saßen wir zu viert am Tisch und ließen den Tag gemütlich angehen, während die Sonne immer weiter den Schatten vor sich her trieb. Bis wir den Tisch verließen, war es meist Mittag geworden. Nachdem Mausilein die Geranien auf der Terrassenmauer gegossen hatte, erkundeten unsere beiden Uhus unter ihren Tropenhelmen die Gegend außerhalb des Geländes, spazierten über die Wiesen bis hinein in ein kleines Wäldchen. Michael und ich erledigten derweil meist irgendwelchen Schreibkram, lasen in einem der vielen mitgeschleppten Bücher oder lernten Italienisch. Manchmal musste ich mich auch einigem Schulkram widmen. Mit Vamus Rückkehr von ihrer Exkursion begann die Vorsiesta. Vom Zirpen der inzwischen auch erwachten Grillen umgeben lagen wir faul auf unseren Liegen, die wir aus Deutschland mitgebracht hatten und die dann bis zum nächsten Sommer bei unseren Freunden in der Scheune auf uns und den nächsten Sommer warteten. Natürlich mussten wir halbstündlich mit dem immer weiter schrumpfenden Schatten mitwandern. Denn es war langsam so heiß geworden, dass man es in der Sonne nicht mehr aushielt. Der Sonnenhungrigste war Vater, der dann meist noch ein wenig länger mit seinem Rätselheft oder der Zeitung in der Sonne verharrte.

Gegen vier Uhr zogen wir uns zum Mittagessen in den Vorraum des Hauses zurück. Während Michael natürlich wie immer gekocht hatte, waltete Vater nach dem Essen seines Amtes und machte in der Küche den Abwasch. Mutter trocknete ab. Danach wieder Siesta, die wir meist im Inneren des Hauses in unseren Schlafzimmern verbrachten. Die Holzläden des Obergeschosses waren grundsätzlich geschlossen, um die Hitze etwas fernzuhalten. Das ergab diese schummerige wohlige Stimmung eines lazy Afternoon.

Doch bald schon wurden wir wieder ein wenig aktiver. Mausilein las oder malte am großen Tisch im Vorraum, Vater schrieb sein dickes Rätselheft voll, bügelte manchmal oder wusch draußen die Wäsche. Und dann gab es gegen 20 Uhr auch schon wieder Abendbrot auf der Terrasse. Zum Abschluss eines solchen wundervollen faulen Tages saßen Vater und Michael auf der Terrassenmauer und genossen ihren Whisky in der Dämmerung, während die Fledermäuse über ihnen am Himmel segelten. Wenn es wenig später richtig dunkel und so kühl geworden war, dass wir nur noch mit Jacken auskamen, zogen wir uns ins Haus zurück, schoben die schweren Eisenriegel von innen vor die Doppeltürhälften und stiegen die Treppe hinauf in unsere Schlafzimmer. Bis in den späten Abend hinein lasen wir dann hier bei der spärlichen Zimmerbeleuchtung in unseren mitgebrachten Büchern oder Zeitungen.

Das war das Grundmuster unseres wundervollen Trödellebens im Süden. Aber natürlich wurde es sehr häufig unterbrochen von zahlreichen Aktivitäten. Dazu gehörte zunächst einmal das Autowaschen, was mit dem kalten Wasser in der Hitze äußerst angenehm war und oft in eine lautstarke Wasserschlacht ausartete. Auch hatten Vater und ich ab und an große Wäsche. Nachdem wir all unsere Strümpfe, T-Shirts, Hosen und Hemden ausgiebig Wasser und Seife ausgesetzt hatten, trat Mausi in Aktion. Zusammen wanderten wir beide mit einem großen Waschkorb hinter das Haus auf die verwilderte Wiese, wo zwischen zwei riesigen Bäumen eine Wäscheleine gespannt war. Hier trocknete dann unsere sorgfältig aufgehängte Wäsche innerhalb weniger Stunden. Einer dieser Bäume trug verführerische dunkle Kirschen, was Vater natürlich, hoch in den Achtzigern, dazu veranlasste, ohne Rücksicht auf sein Alter die an den Baum gelehnte Holzleiter zu erklimmen und einen Korb voll zu pflücken. Wir beteten zu wem auch immer, dass er das heil überstehen möge, als wir ihn in luftiger Höhe von zwei bis drei Metern auf der wackeligen Leiter herumturnen sahen. Wer auch immer, er hatte unsere Bitten erhört.

Als alter Schrebergärtner ließ es sich Vater natürlich auch nicht nehmen, die wundervoll blühenden roten Kletterrosen, die an der Mauer des Hauses sich in die Höhe rankten, zu schneiden. Dazu hatte er sich extra aus Berlin eine Schere mitgebracht und werkelte auf dem Stuhl stehend stundenlang herum. Die Beschneidung geschah in so preußischer Akkuratesse, dass die Gräfin bei einem Besuch nahezu in Ohnmacht fiel, als sie ihre auf die Hälfte reduzierten schönen Rosenstöcke sah. Das ließ Vater jedoch keinesfalls an seiner Perfektion zweifeln.

Natürlich mussten wir unser wundervolles Domizil neben dem regelmäßigen Wasserholen an einer Quelle oberhalb der Villa auch zum Einkaufen verlassen. Wenn wir nicht aus Firenze kommend den großen Supermarkt unweit der Stadt auf unserem Heimweg aufsuchten, wo ich in der Hitze des sich neigenden Tages durstig einen halben Liter Milch schon mal auf dem Parkplatz gierig hinunterschluckte, dann ging es in den 15 Kilometer entfernten kleinen Ort Pontasieve zum Markttag. Dort schauten wir uns um, kauften Spanferkel vom Grill oder ein Huhn, köstlichen Käse, Parmaschinken und alles, was man in der Küche braucht. Das wusste Michael natürlich weitaus besser als ich, weshalb ich mich eher dem Kauf eines Sommerkleides widmete. Vamu warteten derweil auf einer Bank am Rande des Marktes. Und wenn wir sie wieder abholten, waren sie immer in ein freundliches lautstarkes Palaver mit den anderen Alten vertieft, obwohl sie lediglich einige Brocken Italienisch sprechen konnten. Aber das tat der Konversation natürlich keinen Abbruch, da in Italien ohnehin vieles mit Mimik und Gestik vermittelt wird. Und in Mimik und Gestik war Vater ein Meister. Mit freundschaftlichem Winken verabschiedete man sich dann von den neuen Bekannten.

Gemüse und Obst mussten wir höchst selten einkaufen, da unsere neuen italienischen Freunde, die Florentiner Wochenendmieter gegenüber von San Francesco, uns regelmäßig damit aus ihrem Garten versorgten. Und nicht nur das. Wenn wir nach vier bis sechs Wochen wieder zurück nach Deutschland fuhren, war der Wagen ebenso vollgeladen wie auf der Hinfahrt: Paprika, Zucchini, Auberginen, selbstgemachte Marmelade und Flaschen selbstgemachten Weines. Sogar die Kinder des Faktotums steuerten gefundene Trüffel bei. Die für unsere Italiener mitgebrachten typisch deutschen Speisen wie Sauerkraut und Blut- und Leberwurst wurden also nur ausgetauscht gegen die köstlichen italienischen. Michael kochte grundsätzlich italienisch, auch in Berlin. Aber am ersten Samstag nach unserer Ankunft kochte er jedes Mal deutsch. Dann war großes Essen bei uns auf der Terrasse für unsere Italiener angesagt. Gegen 20 Uhr trudelten sie ein: die Florentiner Supermario und Sylvana, Mario und Lidia nebst Oma Lina und Kind sowie Marilina mit Partner aus dem Haus, das San Francesco gegenüberliegt, und unser gräfliches Faktotum Mario mit seinen Kindern von ganz unten im Tal des verwilderten Gebietes. Immer war es südländisch laut und lustig. Einmal kamen alle verkleidet. Auch Vater bekam eine lila Perücke. So vertiefte sich jeder voller Spaß in seine Rolle, die auch immer ein gut Teil Travestie beinhaltete und mit lautem Gejuchze verbunden war. Bei unserem mehrgängigen deutschen Gastmahl floss allerdings an Stelle von teutonischem Bier toscanesischer Rotwein. Ein Zugeständnis an Italien, das wir nur allzu gerne machten. Und nachdem unser Mahl mit Kaffee und Pralinen abgeschlossen worden war, besangen wir satt und selig den inzwischen aufgegangenen Mond. Es war jedes Mal über alle Maßen lustig. Und wir trennten uns bis spätestens zum nächsten Wochenende, was dann wieder in großer Runde bei unseren Florentiner Freunden oder auf der Terrasse ganz unten beim gräflichen Faktotum stattfand. Hier war es besonders schön, denn Mario hatte einen alten gemauerten Pizzaofen, aus dem wir die frischen Pizzen serviert bekamen, während am glasklaren Himmel die Sterne funkelten. Und natürlich wieder Wein und Gesang.

Da unser Haus auf halber Strecke nach unten zu den italienischen Freunden lag, sahen wir sie natürlich fast jeden Tag, wenn sie von der geteerten Straße vorbei an der Villa in den Sandweg abbogen und bei uns an der Kurve auf einen Kaffee oder Wein haltmachten. Das förderte nicht nur unsere Freundschaft, sondern auch unser Italienisch.

Aber die Sprache beherrschten Michael und ich halbwegs schon wieder nach kurzer Zeit, besonders da sich Lidia unglaubliche Mühe mit uns gab. Sie war nämlich geborene Argentinierin und wusste, wie schwer es war, sich in einer neuen Sprache zu verständigen. In Südamerika hatte sie Mario geheiratet. Der war mit seiner Mutter Lina nach Argentinien ausgewandert gewesen, doch inzwischen lebten sie alle wieder in Italien. Auch für Vamu war die Sprache eigentlich kein Problem, wie sich schon auf dem Markt gezeigt hatte. Vor allem weil unsere italienischen Freunde reizend mit ihnen umgingen.

Ich sehe es noch vor mir, wie Mario vor Mutter kniete und ihr eine eben gepflückte Rose schenkte. Mutter war gerührt und fühlte sich auch ein bisschen geehrt. Oder wie Vaters Niedergeschlagenheit, die er den ganzen Tag gepflegt hatte, wie weggeblasen war, als Supermario mit ihm auf den Schultern quer über die Wiese rannte. Mit ausgestreckten Armen war mein Mitte-Achtziger wieder voll in seinem Element und schien sich wie früher stehend auf dem Motorrad zu fühlen. Von seinen Motorradkunststücken als junger Mann im Berliner Olympiastadion hatten wir zuvor unseren Freunden erzählt und diese setzten das sofort in die Tat um. Sie machten einen alten Mann glücklich, der nun auf den Schultern von seinem italienischen Freund durch die Luft brauste. Es war immer ein Vorbild für uns, wie gut Alt und Jung in Italien miteinander harmonierten, wobei es uns völlig egal war, ob das nun aus Not oder aus Überzeugung geschah. Vermutlich war es ohnehin beides.

Unsere Freunde hatten wir im Übrigen durch Supermario kennengelernt. Der kam als Klempner zu uns nach San Paolo, als dort nach einem mächtigen Regen das warme Wasser ausgefallen war. Aber trotz seines Bemühens hatten wir weiterhin für eine ganze Woche kein warmes Wasser. Michael wusste in etwa, woran es lag, hütete sich aber, Mario zu belehren, denn die typisch deutsche Besserwisserei kommt bei Italienern so gar nicht gut an. Und unsere Zurückhaltung brachte uns Freunde fürs Leben, jedenfalls für das jahrelange Sommerleben, in Italien.

Natürlich machten wir auch Ausflüge in die Umgebung, aßen in einem Nobelrestaurant zum ersten Mal frittierte Zucchiniblüten und besuchten die üblichen Touristenorte in der Bilderbuch-Toscana, so wie man sie aus den Reiseprospekten kennt: natürlich zuerst einmal Florenz, das wir sofort adoptierten, dann Siena mit dem Bäcker, bei dem wir diese wundervollen Panforte kaufen konnten, was uns mindestens fast ebenso wichtig war wie der Blick vom

Turm des Palazzos auf den schönsten Platz Europas, oder San Gimi, das New York der Toscana, in dem wir die Harfenklänge eines Straßenmusikanten genossen, während Vater Wildschweinsalami kaufte, Lucca, wo wir auf dem Wall entlangspazierten, Pisa mit seinem legendären schiefen Turm und meiner Erinnerung an Mozarts Ave Verum meiner Chorschüler im Baptisterium sowie unzählige Superorte mehr, die wir in den Jahren kennenlernten und nahezu regelmäßig besuchten. Es war immer herrlich, durch die Zypressenalleen entlang der gelben Felder dahinzufahren, und es war herrlich, die vielen Renaissancekunstwerke zu bestaunen, einschließlich der zahlreichen Villen. Jedesmal war es ein umwerfendes Gefühl, über jahrhundertealte Pflastersteine zu wandeln, über die vermutlich schon Leonardo seinen Fuß gesetzt hatte. Dass wir ihn, Botticelli, Michelangelo, Bramante, Cellini und alle die anderen Künstler sowie die zahlreichen Mitglieder der Medicis besuchten, war selbstverständlich. Und es war äußerst entspannend, sagen zu können: "Ach nee, heute ist die Warteschlange vor den Uffizien zu lang. Wir gehen nächste Woche." Und wenn in der folgenden Woche die Schlange nicht kürzer war, dann besuchten wir das Museum von Weltrang, in dem wir ohnehin schon mindestens dreimal gewesen waren, eben im nächsten Sommer. Vielleicht mit ein paar weniger Touristen, aber sicherlich nicht weniger als 42 Grad bei ziemlich hohen Abgasen, die dadurch bedingt waren, dass Florenz im Tal liegt. Nach unseren kulturellen Erlebnissen, atmeten wir deshalb auch auf, wenn wir am späten Nachmittag wieder bei uns auf dem Land eintrudelten, wo die Temperatur nur auf 36 Grad im Schatten gestiegen war. Hier fühlten wir uns wieder frei und konnten unsere Erlebnisse bei einem Glas Wein auf der Terrasse noch einmal Revue passieren lassen.

Mit den Parkplätzen war das in Florenz allerdings ein Riesenproblem. Zum Glück hatten wir es nach den Anfangsjahren nicht mehr nötig zu bangen, ob wir einen der begehrten bewachten Plätze am Arno bekommen würden. Denn Lidia und Mario betrieben eine Bar in der Innenstadt, die wir als Erstes bei jedem Stadtbesuch ansteuerten. Zunächst gab es dort einmal einen Espresso oder Capuccino. Aber das war nicht das Wichtigste. Viel interessanter war es, dass wir auf dem Bürgersteig vor der Bar unser Auto parken konnten. Natürlich war das nicht legal, aber Mario besänftigte die Aufsicht führenden Carabinieri in seiner Bar einfach mit einem Latte Macchiato und unser knallroter Passat wurde übersehen.

Aufgrund unserer jährlichen Wiederkehr machte sich beim ersten Blick auf den Florentiner Dom immer mehr das Gefühl in uns breit, Sommer für Sommer nicht nur zu Besuch in die Toscana, sondern irgendwie nach Hause zu kommen. Schließlich nahmen wir am normalen italienischen Leben nicht nur beim Einkaufen teil, sondern besuchten wie alle Italiener kulturelle Veranstaltungen und selbstverständlich auch unsere Freunde in Florenz. Mit Marilina und ihrem Partner bummelten wir nach gutem Essen bei ihnen zu Hause durch das nächtliche Florenz und genossen das sprichwörtlich beste Eis über den Dächern der Stadt. Schön war auch das Konzert im Innenhof des Palazzo Pitti bei Mondschein und lauer Luft.

Noch beeindruckender allerdings Puccinis La Bohème in Torre del Lago bei Lucca. Dorthin nahmen wir sogar eine mehrstündige Fahrt über die Autobahn auf uns, um auf der Freilichtbühne neben dem Haus des berühmten Komponisten, in dem er sogar begraben liegt, die Oper zu sehen. Die begann allerdings erst mit Einbruch der Dunkelheit um 22 Uhr und endete gut drei Stunden später. Es war äußerst kurios, als die Fledermäuse bei den noch gut

28 Grad durch die winterlichen Kulissen segelten. Vermutlich dieser umwerfenden Erinnerung wegen erkor ich die Oper zu meiner Lieblingsoper. Mit allen anderen Zuschauern machten wir uns nach der Vorstellung gegen 1 Uhr nachts auf den Weg zu unserem geparkten Auto. Aufgrund der Menschenmenge dauerte es dort mindestens noch einmal eine halbe Stunde, bis wir uns aus der Parklücke herausmanövrieren und auf die Heimfahrt machen konnten. Wieder über die Autobahn erreichten wir unser Domizil nach knapp vier Stunden in der Morgendämmerung, als Vamu noch behaglich in ihren Betten schliefen. Vorsorglich hatten Michael und ich sie diesmal nicht mitgenommen, da wir ohnehin mit ihnen am Tag zuvor Puccinis Wirk- und Wohnstätten in Torre del Lago besucht hatten und die lange Fahrt in der Nacht für sie zu anstrengend hielten.

Ein Ausflug der besonderen Art war unsere Fahrt nach Ravenna. Auf halber Strecke kamen wir durch den kleinen Ort Predappio. Wir hielten vor dem dortigen Friedhof, der uns mit seinen engen Gassen, die rechts und links von den steinernen Grabhäusern flankiert wurden, besonders reizvoll erschien. Auf dem Friedhofsgelände entdeckte Mausi plötzlich ein Hinweisschild zur Gruft der Familie Mussolini. Da mussten wir natürlich hin. Wir stiegen die Stufen hinunter zu einigen museumsartigen Räumen. Pompöse Holzsärge standen auf Katafalken herum. Hinter Glasscheiben befanden sich in riesigen Wandnischen Devotionalien. Hier der schwarze Federhut, dort die Stiefel, da Schriftstücke. Allesamt vom Duce. Auf einem Tisch lag ein Gästebuch. Jetzt schon im Juli dreiviertel voll. Zum Glück nur wenig deutsche Eintragungen, aber sonst neben Lobsprüchen von Amerikanern eine Menge europäische Nationen vertreten. Da das Verhältnis der Italiener zum Duce nun so gar nicht unseren Vorstellungen Faschisten gegenüber entsprach, waren wir froh über die spärlichen deutschen Eintragungen im Gästebuch, das wir ausführlich durchstöberten. Als wir anschließend die Treppenstufen aus der Gruft wieder ins Freie stiegen, kam uns ein junger Mann entgegen. Da er unser deutsches Autokennzeichen vor dem Friedhof offensichtlich völlig falsch interpretiert haben musste, machte er demonstrativ den Hitlergruß und bot uns aufdringlich Militaria an. Wir brachten sein Weltbild mit Sicherheit zum Einsturz, als wir sein Angebot kategorisch ablehnten.

Bei unserer Weiterfahrt durch den Ort kamen wir dann an einigen Souvenirläden vorbei, die schamlos mit T-Shirts, Kaffeebechern, Tellern, Aschern und Postkarten handelten, auf denen das Bildnis des Duce prangte. Während Italien offensichtlich weniger Probleme mit der Vergangenheit hat, war unsere Familie jedenfalls froh über das Ende dieses Mannes an der Laterne.

Natürlich waren meine Eltern bis auf unseren letzten Sommer immer auf unseren Ausflügen dabei. Aber im letzten Jahr unseres Italienaufenthalts waren sie schon 92 Jahre alt und wir hatten Angst, dass sie mit der Luft in Florenz Probleme bekommen könnten. Also ließen Michael und ich sie für einige Stunden allein. Im Haus und auf dem Gut kannten sie sich schließlich aus. Sogar Mausilein, das inzwischen leider zeitweise nicht mehr so ganz klar im Kopf war. Kein Problem! Vater war durchaus imstande aufzupassen. Doch auf Vater war in dieser Hinsicht kein Verlass. Er wollte nicht kapieren, dass Mausilein zwar reizend, aber leider dement war. Für ihn war sie einfach nur doof.

Als Michael und ich schließlich am Nachmittag wieder aus Florenz zurückkamen, saß Mausi knallrot in der Sonne. Ich war total aufgebracht über Vaters Verantwortungslosigkeit und herrschte ihn an, weshalb er denn nicht aufgepasst hätte. Seine Antwort war nur: „Ich habe es ihr doch gesagt, dass sie aus der Sonne gehen soll." Ein lauter Streit folgte, bei dem mein unglaublich disziplinierter Vater anfing zu weinen. Das hatte ich zuvor nur einmal in seinem Leben gesehen, als er sich bei Nierensteinen vor Schmerzen gekrümmt hatte. Natürlich tat er mir sofort wieder leid. Wir umarmten uns und versicherten einander, dass wir uns doch liebten. Und irgendwie kam ich ins Grübeln über meine eigene Verantwortungslosigkeit. Unsere Versöhnung war wohl der emotionalste Moment in San Paolo, auch wenn die Sonnenfinsternis auf unserem Gut ein fast ebenso tief beeindruckendes Erlebnis war.

Plötzlich wurde es an einem der Vormittage ganz still. Keine Vögel, keine Grillen waren mehr zu hören. Selbst der Wind rauschte nicht mehr durch die Blätter. Nirgendwo war mehr eine Echse zu entdecken, die sich sonst auf der Terrassenmauer in der Sonne wärmte. Alle Pferde und Schafe legten sich auf den Boden, als ob sie schlafen wollten. Es war gespenstig. Eine unglaubliche Stille mitten in der sonst so belebten Natur. Wir nahmen unsere getönten Scherben heraus und blickten zur Sonne, die sich verfinsterte. Ein merkwürdiges gedämpftes Flirren breitete sich aus. Und dazu diese Stille. Ich habe später noch einmal eine Sonnenfinsternis erlebt. Das war in Berlin. Aber die war nicht bei weitem so beeindruckend gewesen wie hier auf dem Lande, was wohl daran liegt, dass Naturerlebnisse per se in freier Natur viel intensiver sind als in der Stadt.

Und so ist es in freier Natur auch mit dem extrem klaren Nachthimmel. Zum Sternegucken hatten wir uns mit unseren italienischen Freunden auf deren Terrasse verabredet, weil Sternschnuppen zu erwarten waren. Als die Dunkelheit alle Farben in Grautöne verwandelt hatte, lagen wir dann zu neunt in den Liegestühlen und blickten zum Himmel empor, jeder ein Glas Wein neben sich auf dem Rasen. „Ah! Oh! Toll!" Ich weiß gar nicht mehr so genau, ob ich überhaupt eine Sternschnuppe entdeckt hatte, aber gewünscht hatte ich mir mit Sicherheit etwas. Nämlich, dass dieser Abend in der Toscana nie vorbeigehen mochte. Das war natürlich unrealistisch, und doch habe ich einen vergleichbar klaren Nachthimmel später noch einmal erlebt: in der Atamcamawüste. Der hatte den in der Toscana vermutlich sogar noch getoppt, aber die Atmosphäre war eine andere: Ich war allein.

Im letzten Toscana-Sommer stand nach unserer Rückkehr Michaels und mein Hundertster in Berlin an. Da gut 70 Freunde und Bekannte geladen werden sollten, bedurfte es einer ausgiebigen Vorbereitung. Dazu nahmen wir diesmal neben dem Notebook auch Drucker, Papier, Stifte, Klebstoff und allerlei Krimskrams mit. Im Vorraum unseres Hauses, den wir zur Werkstatt umfunktioniert hatten, fertigten Michael und ich zusammen mit Mausilein 70 goldfarbene Tüten an, die für unsere Gäste bestimmt waren. Unterschiedlichste zu dem jeweiligen Gast passende Motive wurden ausgedruckt und auf das Papier geklebt. Anschließend füllten wir die Tüten mit allerlei Tüdelkram wie Namensfahnen und ähnlichem. Ich arbeitete eine einstündige Rede aus, in der ich als Tütenfrau von der Straße jeden der Gäste auf dem Fest vorzustellen hatte. Nachdem ich meinen Vortrag auswendig gelernt hatte, probte ich ihn vor meinem kleinen Familienpublikum auf der Terrasse. Es wurde ein Erfolg, denn total abgerissen mit Zahnlücke und Plastiktüten in den Händen erkannte mich auf unserem späteren Gartenfest eine ganze Zeit lang niemand.

Hier in Italien kauften wir auch viele italienische Produkte ein für das Buffet. Dummerweise hatten wir das Schinkenbein in Berlin unausgepackt bis zum großen Ereignis liegengelassen und staunten nicht schlecht, als wir es verschimmelt seiner Folienverpackung entkleideten. Traurig landete es in der Mülltonne. Aber unsere Veranstaltung mit zwei Sängern und einem Feuerwerk wurde ein voller Erfolg. Sie sollte es auch, denn ebenso wie unsere Toscanaferien die letzten für unsere Familie waren, so war auch unser Hundertster das letzte Fest für Michael. Eines der Geschenke, das wir von Freunden erhielten, war ein Stern. Ich bin sicher, dass mein lieber Michael mich von dort aus weiter begleiten wird.

Doch noch genossen wir die Hitze des letzten Sommers. Wir lagen faul auf unseren Liegen und beobachteten die Echsen, die sich auf der Terrassenmauer sonnten. Mutter goss weiterhin die roten Geranien. Vater fing ein Lämmchen ein, das sich auf unserem Gelände verlaufen hatte, und trug es zurück zu seiner Herde. Eine dicke Unke kündigte den Beinbruch der Gräfin an. Der armen Frau war eine Steinbank auf das Schienbein gefallen. Wir besuchten sie oben in der Villa. An der Küche vorbei mit ihrem riesigen Kamin, einen Blick auf die Deckengemälde des Wohnsaales erhaschend, gelangten wir über die breite Freitreppe hinauf in ihr Schlafzimmer, wo sie uns im Bett empfing. Sie freute sich über unseren Besuch und den Blumenstrauß. Und dann waren die Ferien auch schon zu Ende.

Mit voll bepacktem Auto ging es noch einmal hinunter zu unseren italienischen Freunden. Nach herzlicher Verabschiedung mit noch voller bepacktem Auto zurück, nochmals an San Paolo vorbei, die Villa links liegen lassend auf die Landstraße, bei Florenz schließlich auf die Autobahn. Unsere Abschiedstrauer wurde ein wenig dadurch gemildert, dass die Gräfin seit zwei Jahren mit einer Schweinezucht begonnen hatte. Die Tiere konnten sich zu unserer Beruhigung auf dem gesamten Gelände frei bewegen. Allerdings verströmten sie des öfteren unterhalb unserer

Terrasse ihren für uns recht gewöhnungsbedürftigen Duft. Mit Äpfeln lockten wir sie deshalb weg von unserer Terrasse. So erging es ihnen immerhin besser als den Pferden, die Michael verscheucht hatte. Das erhoffte sprichwörtliche Glück brachten uns in der Zukunft diese Schweinchen leider nicht, aber wir waren unglaublich dankbar für die vielen wundervollen Sommer in unserem Paradies.

ROM

HALLO, JETZT KOMMEN WIR!

EINE KLASSENREISE

Noch immer fallen sie hordenweise über Rom her, die nordischen Barbaren, u.a. auch getarnt als Bildungsreisende einer deutschen Gymnasialklasse.

Klassische Bildung wollten in der Tat einige erwerben, mindestens zwei, die sich jedoch von uns - so zeigte es sich - ohnehin in allen möglichen Fragen wesentlich unterschieden. Wir waren jedenfalls hungrig, weniger auf Bildung als vielmehr auf Sonne, nachdem der Sommer in unseren Breiten ziemlich bescheiden ausgefallen war.

So bestiegen wir frohen Mutes, voller Erwartungen und mit einigen Flaschen Sekt den Zug Berlin-München, um unsere Abreise gehörig zu feiern. Endlich den Blicken der Eltern entronnen, verkündete das Knallen der Korken, dass die irre Fete begann. Und sie begann echt stark: unsere Klasse in einem Sechserabteil! Geile Atmosphäre: herrlich verräuchert und wahnsinnig laut. Nur seiner Klamotten musste man sich nach und nach entledigen, sonst wär`s zu heiß gewesen. Für die Lehrer war bedauerlicherweise kein Platz mehr, aber die wollten ohnehin lieber schlafen. Das sollten sie man auch, denn wir waren schließlich immer tolerant; wenn`s nach uns gegangen wäre, hätte jeder machen können, was er wollte. Wäre viel weniger stressig gewesen, aber da waren die später irgendwie zu.

Total kaputt nach dem Umsteigen in München und circa 20 Stunden langweiliger Fahrt erreichten wir Rom dann endlich gegen Abend. Wahnsinnig laue Luft! Türkisfarbener Himmel! Exotisches Stimmengewirr!

Das absolute Kontrastprogramm bot sich uns zwanzig Minuten später, als wir mit dem Transferbus in eine total miese Gegend gekarrt wurden. Alles dunkel, heruntergekommene alte Häuser, zu voll und viel zu enge Straßen. Der Bus konnte nicht mal vor der Pension halten, und so mussten wir - bereits total abgeschlafft - unsere Koffer selber entsetzlich weit tragen. Aber das war ja alles noch gar nichts, verglichen mit dem, was uns dann im Innern dieser Pension erwartete.

Pension ist geprahlt, Absteige wäre eher der Ausdruck dafür: altes Gemäuer, vier Betten im Zimmer, zusammengeschusterte Möbel, kaum Platz in den Schränken und nicht mal ein eigenes Bad pro Zimmer, abgesehen von den absolut unhygienischen Handtüchern mit Löchern. Dafür hatten wir nun massig gezahlt! In Jugoslawien kann man für denselben Preis völlig super wohnen, und das sogar mit Swimmingpool. Haben uns natürlich sofort beschwert und dem Padrone erst mal Feuer unterm Arsch gemacht. Hätten eigentlich die Lehrer tun sollen, aber diese Generation labert immer nur, von wegen: kritisches Bewusstsein und so. Wenn`s wirklich mal ums Aufmischen geht, trauen se sich nicht, kuschen, sind feige. Alles eben nur Gesülze!

Einen Vorteil hatte die Bruchbude: Wir konnten uns völlig ungeniert benehmen. Und so machten wir es uns mit unseren Klamotten erst mal wohnlich. Ging dann alles auch, bis auf den Fraß, den wir jeden Abend bekamen, vom Frühstück ganz zu schweigen, zu dem es weder Wurst noch Käse gab. Wir können nur sagen: der pure Nepp! Immer Pasta als Erstes. Kann man ja auch die Leute billig mit satt machen. Das Fleisch war dagegen mit der Lupe zu suchen. Und einmal gab es sogar zwei Eier. Billig! Billig! Aber mit Schülern können sie es ja machen, besonders wenn sie zwei so Softies als Begleiter haben. Auch hier mussten wir die Sache wieder selbst in die Hand nehmen und den Kellner heranbeordern, denn einmal war sogar eine Made in den Weintrauben. Ih gitt! Was anderes als diese Zumutung gab es fast nie.

Einmal, am letzten Abend - sollte wohl so was wie harmonischer Abschied von Rom werden - waren wir in einem Straßenrestaurant. Hier war das Essen ganz passabel, dafür teuer, und übers Ohr haben die uns auch gehauen. Aber das hatten wir ja ohnehin von Italien erwartet. Was uns viel mehr schockte, war, wie unmöglich die mit ihren Tieren umgehen. Auf dem Klo fanden wir eine ganz süße, total abgemagerte Katze, die wir denen abkaufen wollten. Aber darauf ließen die sich nicht ein. Die nahmen sie einfach mit, und der Koch stieß sie in der Küche sogar ganz brutal mit dem Fuß beiseite. Scheiß Italiener! Während unsere Lehrer denen auch noch in den Arsch gekrochen sind, haben wir es ihnen dann aber gegeben, diesen scheiß Italienern! Nur mitnehmen konnten wir die arme kleine Katze nicht. Damit war dieser Abend dann auch gelaufen. Wir mussten alle so heulen und uns gegenseitig wieder aufrichten bei einer so total ungerechten Welt.

Auf der anderen Seite war Rom natürlich auch unheimlich stark. Ein echt irres Feeling! Da fängt das Leben erst an, wenn wir in die Pension zurückmussten. Und dabei lebten wir mitten drin, keine Minute von der Piazza Navona entfernt, und nur wenige vom Pantheon. Was unser Kunstlehrer allerdings an diesem Gemäuer fand, können wir bis heute nicht verstehen. Wenn es wenigstens noch wie früher bemalt wäre! Na ja, jedem das Seine. Das, was uns anmachte, war vielmehr die wahnsinnige Kontaktfreudigkeit der Leute. Wir brauchten nur in einem Ristorante Eis zu essen, auf den Treppenstufen der Piazza di Spagna oder dem Brunnenrand der Fontana di Trevi zu sitzen, und schon waren wir von ganz irren Typen umringt, die sich mit uns auf Englisch oder Deutsch unterhielten. Auf die konnte man schon abfahren, soviel Charme, wie die hatten. Ist eben doch was dran: an dem südländischen Temperament. Da kommen die coolen Typen aus unserer Klasse nicht mit. Sind ja auch viel zu jung. So konnte man dann schon, wenn man am Abend wieder in seine Bude kam und die kurz zuvor romantisch überreichte rote Rose in den Zahnputzbecher stellte, die inzwischen mit Cola getaufte kitschige Tapete übersehen, die Augen zumachen und nur träumen.

Zeitweilig wurden diese Träume jedoch gestört, wenn sich die Typen nicht mit einem Kuss vor der Haustür verabschieden ließen, sondern sich gemeinsam schmachtend unter unserem Fenster wieder einfanden. Natürlich war es dann nicht ohne Reiz, sie mit unserer nordischen Freizügigkeit am hell erleuchteten Fenster zu weiteren Liebeslauten anzuturnen, zumal nicht nur sie unten auf der Straße, sondern auch die seriösen Herren in Anzug und Krawatte vom gegenüberliegenden Ministerium unserer Action beiwohnten. Dieses nun wirklich harmlose Vergnügen wurde uns allerdings nachdrücklich untersagt, sogar mit Rausschmiss gedroht. Welch mittelalterliche Moralvorstellungen! Wir kriegen doch schließlich noch längst kein Kind, wenn die uns nackt - wir waren ja noch nicht einmal völlig nackt - sehen. Ein Theater machte der Padrone! Aber auch wenn wir auf das Fenstertheater verzichten mussten, die Chancen standen jedenfalls nicht schlecht.

Mit dieser Art des Erkundens von Land und Leuten und ein wenig Relaxing wären wir schon voll zufriedengestellt gewesen. Da wir jedoch gelernt haben, auch Minderheiten zu berücksichtigen, unterzogen wir uns bereitwillig - wenn auch mit null Bock - dem täglichen Programm, an dem sich die Lehrer offensichtlich erfreuten. Klamotten und Kirchen! Kirchen und Klamotten! Und das bei 30 Grad im

Schatten! Völlig abgeschlafft und nur aus reiner Höflichkeit, folgten wir den ewig Unermüdlichen, wobei die unendlichen Ausgrabungsfelder noch zu ertragen waren, da man hier wenigstens braun werden konnte. Auch war es ganz nett, Fotos zu Hause vorzeigen zu können, auf denen man sich an Caesars Stelle gerade auf den Stufen der Curie killen ließ. Ganz so ungebildet sind wir schließlich nicht.

Litten wir hier noch geduldig, so war es jedoch total beknackt, dass wir bei diesem Wetter in die Museen abgeschleppt wurden, wo eine kopflose Statue wie die andere aussah. Meist war eh alles kaputt. Zum Glück gab es im Hof vom Kapitolinischen Museum einen Brunnen, in dem wir uns erst einmal die Füße waschen konnten.

Am ätzendsten waren die Vatikanischen Museen, die wir nach einer Papstaudienz - there is no business like showbusiness - zu absolvieren hatten. Echt abartig, was die Päpste alles zusammenrafften! Und das Volk legte sich krumm. Typisch! In der Sixtinischen Kapelle nervte uns dann die Menschenmenge besonders, was jedoch den Vorteil hatte, dass man sich relativ unbemerkt abseilen konnte. Im Belvedere war somit bedauerlicherweise nur noch ein Drittel der Klasse vorhanden, das in den Genuss kam, den einzig echten und wahren Apoll zu sehen, vom Laokoon, der ohnehin ziemlich mickrig ist, ganz zu schweigen. Unbegreiflich, wie die Lehrer das Stunden im Vatikan aushalten konnten. Aber über Geschmack lässt sich bekanntlich streiten, und über Urlaubsgestaltung, wie wir feststellen mussten, auch. Dabei hätten sie sich das alles alleine ansehen können, ohne dass wir was dagegen gehabt hätten.

Endgültig flippten wir dann aber doch aus, als wir von einer in die andere Kirche abgeschleppt wurden. Kirchen, die alle gleich ekelhaft kitschig waren. Und die Krone wurde dem noch aufgesetzt, indem wir uns Röcke oder lange Hosen anziehen mussten. Also: Jeans an - in die Kirche - raus aus der Kirche - Jeans aus. Aber so bescheuert waren wir natürlich nur am Anfang. Unvorstellbar, was die Lehrer für ´nen Affen machten, als wir, dem Klima angemessen, wie jeder normale Mensch die Besichtigung fortsetzten. Dabei ist es dem lieben Gott doch scheißegal, wie wir in die Kirche gehen. Das hat sogar ein Priester zugegeben. Nur die Lehrer waren da total verklemmt und laberten was von Höflichkeit und Achtung vor dem Gastland. Dabei ist es doch logo, dass die Italiener uns achten müssen. Wir bringen schließlich das Geld. Was wäre Rom denn ohne den Tourismus?

Schon allein, was wir für Eis ausgegeben haben! Und dann die Klamotten, die echt billiger waren als bei uns zu Hause. Schließlich hatten wir ja Vergleiche, denn in Rom gab es doch tatsächlich auch Benetton, bei dem wir uns fast alle einkleideten. Die hätten sicher noch mehr Knete gemacht, wenn wir an Stelle des langweiligen Marktbesuches noch mal hätten hingehen können. Aber nein, Markt war angesagt. Markt, auf dem es eh nur die langweiligen 08/15-Fummel gab, die kein Schwein trägt. Wer kauft schon sowas, selbst wenn es billiger ist! Es gab dort überhaupt nichts zu kaufen - bis auf zwei Meerschweine, die wir dann aber auch wieder zurückgeben mussten. War uns absolut unverständlich, warum dieser Besuch ein Programmpunkt war.

Das Programm war ohnehin total hirnrissig. Viel zu wenig Zeit zum Relaxen. Da mussten ja einige umkippen. Aber sonst war`s doch ganz nett, nicht so wie am Strand von Jugoslawien, aber doch ganz nett, wie wir einhellig - bis auf zwei, die ewig rummotzten - feststellten. Und immerhin: Wir kennen jetzt Rom.

Wie wäre es: Wollen Sie nicht auch einmal mit 25 Puber-
tieren verreisen?

WEIMAR

WINTERMORGEN IM PARK

Seit sieben Uhr schon war er wach. Früher pflegte er bereits um sechs Uhr das Bett zu verlassen, aber jetzt – im Alter – gestattete er es sich doch, etwas länger zu schlafen. Und nun stand er leicht fröstelnd am Fenster im ersten Stock seines Hauses und blickte hinaus auf die in der Nacht weiß gefärbten Wiesen des Parks an der Ilm. Es war kalt – trotz des leise brodelnden Ofens im Nebenzimmer. In seinem geräumigen Haus am Frauenplan wäre es in dieser Jahreszeit sicher angenehmer gewesen, aber seitdem er sie alle überlebt hatte, war das Haus unerträglich groß geworden, und es zog ihn immer wieder zurück an den Ort des stillen Glücks mit seiner lieben Kleinen. Auch durchfuhren ihn die Gedanken – noch in seinem Alter erregend – an eine andere Frau, die er nicht wagte, seine liebe Kleine zu nennen, eine unaussprechliche Geliebte, deren Begegnung er hier an diesem Ort so häufig ersehnt hatte.

Gut war es, dass sie sich wieder mit ihm versöhnt hatte, damals, obwohl keine der beiden Frauen die andere je akzeptierte. Nach dem Tod Christianes war das ja auch nicht mehr wichtig. Wie hatte er zu jener Zeit gelitten, selbst krank im Bett gelegen, zu krank, um je ihr Grab zu besuchen. Und wie hatte er erst gelitten, als dann auch seine alte große Freundin gegangen war.

Keiner blieb. Erst August, dann Alma, sehr viel später dann Ottilie und die beiden Jungen. An den Tod seines großen edlen Freundes wagte er kaum zu denken, so sehr durchströmte ihn noch immer der Schmerz. An heftigen Koliken leidend, dachte er damals, sich selbst zu verlieren, und verlor einen Freund – und mit ihm die Hälfte seines Daseins. Dann gingen Carl August, Riemer, Eckermann.

Alle. Nur er selbst schien unsterblich zu sein, aber er wusste längst, dass das keine Gnade war.

Durch die Stille des Parks drang ein helles Lachen zu ihm herüber und schreckte ihn aus seinen Gedanken. In der Ferne konnte er – klein wie Ameisen – das bunte Gewimmel zahlreicher Jugendlicher erkennen. Im Braunkohle geschwängerten Morgendunst, durch den sich die Sonnenstrahlen nur mühsam ihren Weg bahnten, stolperten sie dahin, unaufhörlich schwatzend, so als ob sie die Kälte einfach zerreden könnten. Herumtollend zückten sie dann und wann ihre Fotoapparate – wie alle Touristen – und knipsten drauflos: die lautlos dahinschwimmenden Enten auf der noch nicht zugefrorenen Ilm, die Raureif gepuderten Gräser im schwach gelben Gegenlicht, das Römische Haus Carl Augusts. Haben sie überhaupt die edle Einfalt dieser klassischen Linien empfunden oder galt ihnen das Tempelchen nur als Hintergrund ihrer Fotos von sich selbst? Ja, sie knipsten am häufigsten natürlich nur sich selbst, diese eitlen Fratzen!

Und immer wieder wurde das Treiben begleitet von durch die Morgenstille dringendem Lachen und angestrengtem Keuchen zweier sich durch Herumtraben Erwärmung erhoffender Kinder. Ja, Thüringen konnte ein Eiskeller sein. Und so trank man auf dem Markt nicht nur im Allgemeinen gern den dort feilgebotenen heißen Punsch, sondern deckte sich auch oft und üppig mit den warmen wollenen Socken und Lammfellsohlen ein.

Schon überquerten sie die Naturbrücke, diese Blagen; natürlich ohne davon Notiz zu nehmen, dass seine Christiane ihm hier an diesem Ort die Bittschrift ihres Bruders überbracht hatte. Den Winterfreuden Zoll zahlend, schlitterten sie vielmehr unter Gejohle über die Holzbohlen und freuten sich, das Unterfangen, ohne der

Länge nach hinzufallen, überstanden zu haben, wenn sie am Westufer ankamen.

Einer fehlte, wie sie sich gegenseitig - nach dessen Verbleiben erkundigend – feststellten. Er selbst hatte nie gefehlt, auch wenn er zusammen mit Carl August so manche fröhliche Nacht durchzecht hatte. Am Morgen war er immer pünktlich und gewissenhaft seinen Verpflichtungen nachgekommen. Aber die Jugend jetzt! Er schüttelte den Kopf.

Wovon sprachen sie doch eben, diese Kinder? Hatte er recht gehört? Von Fischen? Dann mussten sie ihn völlig missverstanden haben. Natürlich bemühte er sich Zeit seines Lebens um die Naturwissenschaften, für die er bereits als Student Interesse gehegt hatte. Er war es, der das Wesentliche in der Urgestalt gefunden hatte. Auch war er es, der den Zwischenkieferknochen beim Menschen entdeckt bzw. wiederentdeckt hatte. Aber Fische? Nein, denen galt seine Zeit nun wahrlich nicht. An der Gewissenhaftigkeit der heutigen Pädagogen hegte er ja schon lange so seine Zweifel. Und hier war wieder einmal der Beweis.

Während eines verständnislosen nochmaligen Kopfschüttelns wurde er gewahr, dass die kleine Gruppe sich bereits zähneklappernd vor seinem Gartentore sammelte, die ersten von ihr schon die Stufen zu seinem Haus erklommen. Nein, er hatte keine Lust, ihnen zu begegnen. Dieser ewigen Besuche war er schon längst überdrüssig. Man sollte ihn doch endlich in Ruhe lassen.

Hastig zog er eine neumodisch wattierte Jacke über, die ein Besucher seiner Wohnstätte einmal vergessen hatte, band einen Schal unauffälliger Farbe um den Hals und drängte sich beim Verlassen des Hauses unerkannt an der schwatzend mit sich selbst beschäftigen Gruppe vorbei, um in die Richtung des alten Friedhofs zu entschwinden.

EIN WINTERTAG AUF MALLORCA

Stand der vorangegangene Tag unter dem Motto König Jaumes II., des weißen Tauben neben den Fischhallen (Insider-Witz), so machten wir uns diesmal, am Tage des 80sten Geburtstages meines Vaters, in unserem kleinen klapprigen Corsa auf den Weg, dem großen Polen Chopin zu huldigen, der mit seiner emanzipierten Freundin und deren Kindern einen ganzen Winter hier auf der Insel verbracht hatte.

An der Kathedrale von Palma vorbei ließen wir ihren Hafen links liegen, einen Hafen, der sich ebenso gut in Cannes oder einem anderen mediterranen Küstenstädtchen befinden könnte, und fuhren über Andraitx hoch zur Nordwestküste der Insel, die sich mit ihren schon von den Mauren angelegten Terrassen und den steil abfallenden Klippen weitaus interessanter gestaltet als der schmale weiße Sandstreifen vor den Bettenburgen der Südküste.

Orkanartige Windböen peitschten das strahlend blaue Meer unter uns auf, so dass seine weißen Gischthauben sich immer wieder an der Steilküste brachen. Orkanartige Windböen waren es auch, die uns das Betreten der alten, kaum eineinhalb Meter breiten Steinbrücke versagten, die zu einem der vielen Wachtürme führte. Von hier aus konnten durch rechtzeitige Entdeckung in vorangegangenen Jahrhunderten eine Reihe von Pirateneinfällen verhütet werden. Vermutlich waren die Turmwächter mutiger als wir und ließen sich weniger von den Kräften der Frühjahrsstürme beeindrucken. Vielleicht waren sie aber auch nur wagehalsiger und unvorsichtiger.

Kurz vor der wie überall im Süden streng gewahrten Siesta erreichten wir unser Pilgerziel, das Kartäuserkloster von Valldemossa, in dessen Zellen George Sand samt ihrem jungen Kranken und Gefolge Zuflucht vor den als plump und spießig empfundenen Mallorquinern gefunden hatte. Klaviere, Partituren, in denen häufig herumgestrichen wurde, und ein wundervoll geformter Gipsabguss der feingliedrigen Hand des schwindsüchtigen Künstlers machen neben anderen Reliquien das Kloster zu einem der meistbesuchten Ausflugsorte auf der Insel. Schon bereits vor der Ankunft der berühmten Reisenden waren die letzten Mönche vertrieben, das Kloster zur Wohnstätte mittelständischer Bürger aus Palma umgewandelt worden, die hier den Sommer verbrachten. Nachvollziehbar und beneidenswert: dieser erholsame Aufenthalt - sogar während des Winters.

So tritt man aus der geräumigen Zelle, die man vom Kreuzgang erreicht, auf einen kleinen, auf der Terrasse tiefer gelegten, nahezu quadratischen Garten, in dessen Zentrum ein bemooster Springbrunnen sprudelt.

Zwischen Orangenbäumen und bunten Blumen ist dann sogar ein kleines Becken mit einigen Goldfischen zu entdecken. Umwerfend ist der Blick von hieraus über die terrassenförmige Gartenlandschaft mit ihren Obst- und Mandelbäumen, den Oliven und Zypressen, hin auf die das Kloster umgebenden Berge.

Neben der als Touristenattraktion vermarkteten angeblichen Wohnstätte der Künstler (Vermutlich verbrachten sie die Wintermonate 1838/39 sogar in der den Besuchern nicht zugänglichen Nebenzelle.) ist im Kloster noch eine alte Apotheke und ein kleines Museum zu besichtigen, das eher den Eindruck einer unaufgeräumten Rumpelkammer erweckt.

Angetrieben von den auf ihrer Siesta bestehenden Wärtern, merkten auch wir, dass es Mittagszeit war, und fanden unsere Ruhe in einem kleinen dem Kloster gegenüberliegenden Restaurant, in dessen stilvoller Atmosphäre - geprägt von vielen Bildern an den Wänden und Kerzenbeleuchtung - ein freundlicher Kellner uns eher französische als mallorquinische Speisen servierte.

Am Nebentisch zwei ältere Ehepaare, Auswanderer aus Straßburg und Hannover, die das Essen ebenso schätzten wie wir und mit uns ein unterhaltsames Gespräch begannen über die Vorzüge des Lebens auf der Insel. Die Zeit verging schnell, und die Tassen des italienischen Espressos waren schon geleert, als wir wohlig gestärkt wieder aufbrachen, nicht ohne vorher den der Exklusivität des Restaurants angemessenen Preis für das Menu gezahlt zu haben.

Weiter ging es noch ein Stück an der Küste entlang über das Künstlerörtchen Deya, dessen ausländische Touristen sich in der Tat einen künstlerischen Touch gaben, hin nach Soller, von wo wir die Straße hinein in die Berge nahmen.

Nahezu Hunderte von Spitzkehren meisternd - wir dankten dem Himmel, kein größeres Auto als den klapprigen kleinen Corsa gemietet zu haben - erreichten wir am späten Nachmittag den wundervollen Garten der Alfabia, eines heruntergekommenen Landschlösschens. Aufgrund der späten Jahres- und Tageszeit durchstreiften wir hier völlig allein die von subtropischen Pflanzen umgebenen Laubengänge des bereits von den Mauren angelegten verwahrlosten Gartens, zuweilen einige neugierige Hühner und Truthähne erspähend. Zwischen Bambuspflanzen und Wasserbecken mussten wir ständig auf der Hut sein, nicht von den vom Sturm durch die Luft gewirbelten Palmwedeln erschlagen zu werden. Zuflucht fanden wir dann im Schlösschen selbst, dessen große, dunkle, unwohnlich eingerichteten Räume wir einsam durchschritten. Wie eine läufige Katze streifte die feuchte Morbidezza um unsere Beine und begleitete uns, bis wir aus der dumpfen Stille wieder ans helle Tageslicht traten und vom lauten Gekläffe des Kettenhundes im Hof empfangen wurden. Die Welt hatte uns wieder!

Schon im milden Licht der untergehenden Sonne ging es zurück, an Oliven- und Mandelbaumplantagen vorbei, deren weiße und rosa Pracht fast schon vom Winde verweht war. In der Dämmerung erreichten wir dann unser Domizil und stellten den Sekt kalt für unser Geburtstagskind, denn aus diesem Anlass waren wir meinen Eltern auf die Insel gefolgt.

OSWIECE – AUSCHWITZ

Vormittags. Nieselregen. Man passiert das eiserne Tor mit der Aufschrift "Arbeit macht frei". Vorbei an der Baracke, wo kein Orchester mehr spielt. Verdammte Kälte. Die Feuchtigkeit kriecht die Hosenbeine hinauf. Der Weg zwischen den Baracken, einst österreichische Kasernen, ist aufgeweicht. Das Wetter wird sich nicht ändern. Die Schuhe total verdreckt. Bestimmt hinüber am Abend. Der Regen wird stärker, als man einbiegt in die Birken gesäumte Allee. In der Ferne irgendwo Hundegebell.

Wenige Stufen hinauf in eine der Baracken. Grau gestrichene Wände. Ofenwärme. Unpassend beim Anblick der Strohsäcke, die dicht aneinander den Boden bedecken. Später Pritschen, ebenso wenig einladend. Dreckig. Ekel hervorrufend. Die Terrazzostufen hinauf. Auslagekästen: Höß-Autographen, leicht lesbar für Deutsche. Angerostete Schuhcremedosen aus aller Welt. Hinter riesigen Scheiben Tausende durchgetretener Schuhe: Sandalen, Absatzschuhe, Schnürschuhe, Stiefel, für Frauen, Männer, Kinder. Tonnenweise ergraute Haare als Rohprodukt für die daneben lagernden Stoffballen. Hunderte von Koffern aus Stoff, Leder, sogar Schlangenleder. Gepackt mit Habseligkeiten zum Überleben. Beschriftet mit Namen und Wohnort. Manchmal noch: Waisenkind hinzugefügt. Nie wieder geöffnet von ihren Besitzern. Prothesen: Beine aus Holz, Leder, Metall, dazwischen Arme, eine Hand – Theaterkulisse eines Infernos. Aufeinandergetürmt von denen, die daran glaubten, das Inferno überleben zu können, einzelne dekoriert mit Orden dafür. Originalfotos auf den Korridoren, ordentlich beschriftet mit Namen, Beruf, Geburts-, Einlieferungs-, Todesdatum. Ordentlich über- und nebeneinandergereiht an den Wänden. Eine alte Frau blickt verschmitzt lächelnd herab. Zwei Wochen nach der Aufnahme war sie tot. Noch früher als die anderen, deren

83

Aufenthalt knapp zwei Monate dauerte. Keine Juden, Polen.

Pole ist auch der Fremdenführer, der sachlich durch das Lager führt, sachliche Kommentare zu den Gebäuden, zu den Exponaten. Wenig Verständnis für übertrieben deutsches Gefühlsinteresse.

Er führt hinüber zum Straf- und Todesblock.

Der Weg vorbei an Schreibstube, Gerichtszimmer, hinunter zu den Zellen. Dunkelzellen, Stehzellen, Zellen für Nummern und Namen. Wut. Ohnmächtige Wut: auf Schergen in Nazideutschland, auf Schergen in ehemals DDR, in immer noch Brasilien, der Türkei, Argentinien, Chile... - der Welt. Der Mensch ist dem Menschen ein Mensch. Erleichterung an der Todeswand? Vielleicht. Da: vorbei! Befriedigung? Vielleicht. Für den Lagerkommandanten?

Birkenau. Kaum Minuten entfernt mit dem Reisebus. Ort für Kinofilme und Kränze. Komparsen in SS-Uniform, wartend auf ihre Gage. SS-Uniformierte, wartend auf die eintreffenden Viehwaggons. Menschen, wartend auf die Gaskammern.

Die Sonne kommt durch. Zu schön für Birkenau. Glitzernde Regentropfen am Stacheldraht. Glück. Vergessen. Der Mensch bleibt ein Mensch. Ein Händedruck. Ein Blick. Die Nachricht vom Überleben. Die ersten Strahlen der Sonne. Der blaue Himmel in der Pfütze. Versuchung zu fotografieren. Selbstvorwürfe. Warum? Vergessen ist menschlich. Man darf nicht vergessen. Auch deshalb werden schon bald bewegliche Figuren aus Plastik das Grauen darstellen - am authentischen Ort. Disneyworld im KZ für die Enkel der Enkel.

Eine Frau: klein, dünn, unscheinbar, vielleicht siebzig. Bescheiden spricht sie von ihrer Geschichte, von ihrem alltäglichen Leben im Lager, von ganz geringfügigen Dingen. Und Scham überfällt mich.

AUSFLUGSTIPP:

DEFA-STUDIO BABELSBERG

DEFA Studio Babelsberg. Schon längst kein Geheimtipp mehr, seitdem die Schulklassen scharenweise hin pilgern und sich nach einer Einführung von Volker Schlöndorff im Studiokino - auf Zelluloid und untermalt mit Ausschnitten alter Ufa-Filme - gleich in die Kulissenstraße "Alt Berlin" begeben, um nach kurzem Blick in Tante-Emma-Läden schnurstracks den Weg zur Maskenbildnerin zu wählen. Gegen einen kleinen Beitrag verwandeln sie sich hier unter ausgelassenem Gelächter in unnahbare Renaissancefräuleins, propere Biedermeierdamen und preußische Offiziere, nachdem sie schon vor dem Schminken das angemessene Kostüm von fachkundiger Beratung ausgehändigt bekommen haben, gerade weit genug, dass noch die Jeans darunter passen, und von einer Länge, die die Tennisschuhe auf den ersten Blick verbirgt. Dass es dabei in dem engen Raum zwischen all den Kleidern, Hüten und Perücken wie im kleinen Raubtierhaus zugeht und vor allem duftet, tut dem Spaß keinerlei Abbruch, zumal es eine zeitliche Begrenzung für das Zur-Schau-Stellen der neu gewonnenen Persönlichkeit nicht gibt, man in derartigem Outfit vielmehr auf dem riesigen Gelände herumspazieren kann, so lange man Lust dazu verspürt. Wer den Fotoapparat nicht selbst dabei hat, kann sich gleich nebenan vom Fotografen konterfeien und die fertigen Abzüge später mit Autogramm stolz sämtlichen Familienmitgliedern, Freunden, Nachbarn und Bekannten zukommen lassen.

Ob nun noch mit oder schon wieder ohne Kostüm: Es gibt eine Menge auf dem 430.000 m² großen Gelände zu erkunden, und sogar noch auf eigene Faust, ohne die übliche Gängelung und zeitliche Begrenzung.

Nur die Besichtigung von Fundus, Schneideraum und den großen Aufnahmehallen bedarf der "Führungskräfte", auf die auf überall angebrachten Tafeln hingewiesen wird und die sich häufig als nette ältere Damen entpuppen, denen die Zukunftsangst bei aller Verbindlichkeit und allen Schwelgens in vergangenen Zeiten schon deutlich im Gesicht geschrieben steht. Seit dem Verkauf der DEFA-Studios liegt diese hier im Ungewissen für viele, die bereits von Kindesbeinen an auf dem Gelände arbeiten und manchmal sogar in Filmen als Komparsen mitgespielt haben.

Dem Gelände verpflichtet und noch ohne Alternative, geleiten sie die Besucher durch einen Teil des Fundus - mit über einer Million Ausstellungsstücken der größte Europas -, wo massenweise Gläser und Geschirr, Waschbecken unterschiedlichster Formen und Farben, Musikinstrumente, die keine Töne von sich geben, noch aus alten Zeiten übriggebliebene Büsten und viele weitere Gegenstände fein säuberlich in Regalen gestapelt lagern und durch Maschendraht geschützt werden vor den Zugriffen vorwitziger Besucherhände.

In den drei großen Aufnahmehallen - ebenfalls den größten Europas -, die zu Stummfilmzeiten der Ufa noch nicht voneinander getrennt waren, erzählen die der freien Marktwirtschaft bald zum Opfer fallenden „Führungskräfte" den Gästen die Geschichten von Marlene und den alten Ufa-Tagen, als die Hallen noch nicht zu beheizen gewesen waren und die leicht bekleideten weiblichen Stars erhebliche Opfer bei den Dreharbeiten zu bringen hatten. Die sich dabei ein wenig langweilenden und plärrenden Kinder werden mit Stories von Märchenfilmen der Defa beruhigt, wie z. B. der Geschichte von den nahezu dreihundert Ratten, die man für einen solchen Film benötigt hatte und für die man einen Zeitraum von drei Tagen brauchte, um sie alle wieder einzufangen.

Die Märchenerkundungen können anschließend auf dem Freigelände fortgesetzt werden, wo man nicht nur am Hexenhaus knabbern oder in den goldenen Käfig klettern kann - bei den hier vereinten Wessis und Ossis wohl unterschiedliche Gefühle hervorrufend -, sondern auch wie der dicke Obelix Hinkelsteine stemmen, Esel und Zicklein auf verfallenem Bauernhof streicheln oder in der Piratenstadt sich an stilles Ferienglück in der Bretagne erinnern, selbst wenn beim genauen Hinsehen hinter den bröckelnden Pappmascheesteinen die Pressspanplatten schon deutlich zu erkennen sind.

Den Abschluss der Erkundung bildet dann nach kurzem Abstecher in der Kutschen-und Autoausstellung der Besuch einer Kameraprobe in der Halle 69, die als Publikumseinführung in einige filmische Tricks mehrmals täglich vorgeführt wird. In venezianischer Palazzo-Kulisse sieht man, wie Stuntmen aus unterschiedlichen Höhen auf Pappkisten fallen, die sich als weniger gefährlich als Schaumstoffmatten erweisen, oder wie der Gegner des Helden im Mantel-und-Degen-Film seine Kleider beim Duell verliert.

Wer sich schließlich vor dem Heimweg noch ein wenig ausruhen will, der kann dies am Eingang vor einer Alpenkulisse bei Kaffee oder Bratwurst tun, auf die er noch immer - dem diskreten Charme der DDR gemäß - recht lange warten muss.

Die Defa- Studios sind zwar kein Geheimtipp mehr, aber doch noch immer ein empfehlenswertes Ziel für den Familienausflug am Sonntag, denn eine Veränderung - wie auch immer - ist abzusehen.

UNTERWEGS IN INDIEN

VOM RIKSCHAFAHRER IN DELHI,
VOM AFFENDOMPTEUR IN BOMBAY
UND VON DEN RATTEN IN RAJASTAHAN

Drei Uhr nachts: Flughafen Delhi. Nachtflugverbot ist etwas für Europäer. Vorsorglich geimpft und voller durch Müdigkeit nicht zu unterdrückender Erwartungen, werden wir von Maria - jung, sehr jung, blond, Zöpfe, hübsch - in Empfang genommen. Kaum zu glauben, dass ausgerechnet sie die ersten beiden Jahrzehnte ihres jungen Lebens in Indien verbracht hat. Später glauben wir es gern, denn ihre sanfte, immer ausgeglichene, freundliche Art gibt etwas von Indien wieder, was gerade für uns unzufriedene Hektiker so faszinierend ist.

Gleich am Flughafen kommt es zur ersten Begegnung mit den Pavementdwellers, die, ohne von uns überhaupt Notiz zu nehmen, auf einem Stück Wellpappe, wenn es luxuriös ist, sonst auf dem bloßen Boden, tief weiterschlafen, während wir uns etwas später in unseren First-class-Hotelbetten total übermüdet, aber unruhig hin und her rekeln, noch voller Gedanken an die unabgeschlossenen Geschäfte zu Hause und schon voller Ängste vor den noch abzuschließenden, wenn wir drei Wochen später wieder zurück sein werden.

Am nächsten Morgen erhalten wir bereits in Delhi einen ersten Eindruck von Indien, dem Land voller Gegensätze.

New Delhi: am Reißbrett konzipierte, klar gegliederte Straßenführung, großzügige Boulevards von schattenspendenden Bäumen gesäumt, an Bilder aus Kolonialzeiten gemahnende Bungalows inmitten grüner Gärten, neoklassizistische Architektur von Europäern für Europäer entworfen, insgesamt eine übersichtliche Weite, die nur mit einem Taxi oder klimatisierten Bus voll zu erkunden sein kann.

Daneben Old Delhi: enges Gassengewirr, berstend vor sprudelnden Lebens. Hier ist es schwierig, sich durch das

Gewimmel von Fahrrad- und Motorrikschas hindurchzu-
wühlen, was uns ohnehin nur zu Fuß möglich ist.

Nicht selten sind es schlanke, zierliche Bürschchen, die
eine dicke Matrone nebst ihrer dicken Freundin und
einigen bereits pummeligen Kindern durch die Gegend
karren. Die Frauen tragen ihren Reichtum in Form von
hervorquellenden Speckfalten zwischen besticktem Sari-
oberteil und -rock offen zur Schau, während ihr schmäch-
tiger Fahrer kräftig in die Pedale treten muss, um vor-
wärtszukommen, immer darauf achtend, weder das über
die Fahrbahn laufende Huhn anzufahren, noch mit der
halsbrecherisch überholenden Motorrikscha zu kollidie-
ren. Ein scheinbar schwieriges Unterfangen, da es keine
anderen Regeln gibt als die des eigenen Verstandes und
man seinen Führerschein keineswegs durch eine amtliche
Prüfung erwirbt, sondern lediglich dazu 40 Rupies und
einen Freund benötigt, der die eigene Fahrfähigkeit bestätigt.

An das tägliche Schauspiel gewöhnt, lassen sich Händler,
Käufer und Handwerker, die den Fahrdamm säumen,
nicht aus der Ruhe bringen. Stoisch gelassen bedienen sie
ihre Kunden, wie z.B. die in Serie hintereinander hockenden Barbiere, die ihre weiß eingeschäumten, zum Teil nahezu schon kahlköpfigen Kunden mit dem Rasiermesser
flink und geschickt bearbeiten.

Unweit dieses Gassengewirrs befinden sich inmitten weit-
läufiger Grünanlagen am Yamuna-Fluss die Verbren-
nungsstätten weltbekannter indischer Politiker der Unabhängigkeit: neben der Nehrus die seiner Tochter Indira,
etwas entfernt davon die Mahatma Gandhis. Die hierher
pilgernden Schulklassen - noch immer in ihren englischen
Schuluniformen und noch immer in ein englisches Schul-
system eingegliedert - scheinen mit ihrem Besuch aller-

dings weniger die Gedanken als die Personen selbst zu ehren.

So spricht trotz jahrzehntelanger Unabhängigkeit von Großbritannien sogar der kleinste Junge des hintersten Wüstenortes, der eine Schule wohl niemals kennenlernen wird, ein paar Brocken Englisch, und selbst die Familien der unteren Mittelschicht unterhalten sich über ihre Alltagsprobleme nicht mehr in ihrer eigenen indischen Landessprache, einer von 14 anerkannten Regionalsprachen neben Hindi, sondern selbstverständlich in der Staatssprache Englisch, sogar wenn sie deren Grammatik nur sehr dürftig beherrschen.

Obwohl mit Indira Gandhi eine Frau an der Regierungsspitze stand, wird die indische Frau noch immer nicht nach ihren eigenen geistigen Fähigkeiten beurteilt, selbst wenn sie in Oxford einen Professorentitel erhalten hat. Ihren Wert bedingt vielmehr wie eh und je die Anzahl ihrer Söhne, von dem besonders in Rajasthan wieder aufflammenden Brauch der Witwenverbrennung ganz zu schweigen.

Und auch Mahatmas Forderung nach Aufhebung der inzwischen um die 3000 Kasten scheint einem von den Gedanken der Französischen Revolution geprägten Europäer einleuchtender als einem jahrtausendelang in dieses hierarchische Gliederungssystem der Gesellschaft eingebetteten Inder. Noch immer bleibt bei der Hochzeit neben Horoskop und Mitgift die Kastenzugehörigkeit bestimmend, und noch immer lässt sich ein Brahmane innerhalb Indiens die Mahlzeiten nicht von einem Kashatriya oder Sudra zubereiten.

Lösen sich die Gedanken zusammen mit den Körpern bei der Verbrennung zu Asche auf? Werden sie zusammen mit den Verstorbenen neun Generationen später wiedergeboren? Oder schweben sie bereits in der Luft, um sich unmerklich und ganz, ganz langsam zu setzen?

Das ebenfalls am Yamuna liegende Rote Fort bildet den Auftakt für den Besuch faszinierender indischer Paläste, von denen einige nicht nur besichtigt, sondern sogar von zahlenden Touristen bewohnt werden können (Dank sei der 1977 vorgenommenen Streichung der staatlichen Unterstützung für die Maharajas.). 1001 Nacht mit Frühstück oder Halbpension für den Pauschalreisenden in Bermudas, zum Glück noch nicht oberkörperfrei.

Wo einst im 17. und 18. Jahrhundert Tausende von geschäftigen Beamten, überzeugungskräftigen Händlern und Sari raschelnden Mogulfrauen sowie Konkubinen samt ihrer Dienerschaft in den Gemächern des riesigen Komplexes herumwuselten, wo im 19. Jahrhundert britische und indische Soldaten auf den Plätzen der damals teilweise geschleiften Gebäude exerzierten, werden heute europäische, amerikanische und japanische - aber auch indische - Touristen von den traurig herabblickenden Vögeln der Marmoreinlegearbeiten betrachtet. Sie haben ihre diamantenen Augen verloren, ein Schicksal, dem die hervorragenden Pietra-dura-Arbeiten generell unterlagen, deren Edelsteine nicht erst seit dem 19. Jahrhundert herausgebrochen wurden.

Aber selbst noch diese fragmentarische Pracht versetzt in atemberaubendes Staunen, was sich erst beim Roten Fort Agras steigert, wenn wir von dort aus wie einst der von seinem Sohn gefangengehaltene Shah Jahan das gegenüberliegende Taj Mahal betrachten, das der Herrscher für seine verstorbene Frau Mumtaz-i-Mahal errichten ließ. Diesem geometrischen Wunder aus weißem Marmor wollte er sein eigenes, dem Taj Mahal absolut entsprechendes Mausoleum gegenüberstellen, ein echt architektonischer Traum persischen Einflusses, der leider unerfüllt blieb.

Sein Sohn benötigte die dafür vorgesehenen beträchtlichen Summen für kriegerische Zwecke und stellte den Sarkophag seines Vaters kurzerhand neben den der Mutter. Beider Kenotaphe, genaue Repliken, werden heute im über der Krypta liegenden Saal des Taj Mahals von barfüßigen Touristen in Scharen bestaunt, denn diese Pietra-dura-Kunstwerke sind noch - dank ständiger Restaurierungsarbeiten - vollständig erhalten.

Selbst wenn inzwischen im Roten Fort nicht mehr das Rosenwasser in den Brunnen sprudelt oder im nahe gelegenen Fatehpur Sikri nicht mehr lebende Menschen als Spielsteine auf dem Pachisifeld agieren, selbst wenn hier nun nicht mehr das Wasser zwischen den Doppelwänden die Räume kühlt oder das im Winter verbrannte Sandelholz sie erwärmt, selbst dann ist es nicht schwer, sich in diese Zeiten mit all ihren Genüssen und Entbehrungen, Intrigen und Grausamkeiten hineinzuversetzen, denn noch immer weht der gleiche laue Wind durch die Säulenhallen der Paläste in Rajasthan und verschafft Kühlung in der Gluthitze des Sommers. Noch immer können wir durch die weniger als einen Meter breiten Gänge des City Palace von Udaipur hinan- oder hinabsteigen und noch immer in die unzähligen Spiegel des Palastes von Bikaner blicken, wie es einst die Herrscher taten, jedoch weniger aus Eitelkeit, als um jeder für sie tödlichen Intrige zuvorzukommen, die sich hinter ihrem Rücken anbahnen konnte.

Auch erschauern wir noch immer vor den Satihänden am Eingang dieses Palastes, die die Abdrücke der dem Herrscher auf den Scheiterhaufen folgenden Witwen darstellen, und noch immer bestaunen wir das mit stilisierten Wolken in kräftigem Blau ausgemalte Regenzimmer des Maharajas, der so schön ein Instrument spielen konnte, dass es anfing zu regnen. Nach jahrelanger Trockenheit, wie wir sie nicht nur in der Wüste Thar vorgefunden haben, eine nachzuvollziehende Sehnsucht, und keinesfalls allein die eines Herrschers.

Ob wir nun nur die aus massivem Silber geformten Elefantensattel im alten Fort von Jodhpur bewundern oder selbst auf einem bunt bemalten Elefanten zum Palast von Amber hinaufreiten, vergangene Zeiten sind allgegenwärtig, für uns aus der Perspektive der Reichen, in deren Fußstapfen wir treten, in deren Betten wir schlafen und deren Diener uns sogar im Palast von Jodhpur den Tee nach einem mehrgängigen Menu serviert. Danach sitzen wir wie schon vor uns einige Kolonialbeamte, wenn sie dem Maharaja einen Besuch abstatteten, in der lauen Abendluft des Gartens und beobachten beim Whisky die orange glühende Sonne, wie sie hinter der gewaltigen Kuppel des Palastes verschwindet, unter der wir bereits am Nachmittag zu den Klängen europäischer Klassik mit einem indischen Großkaufmann auf Englisch parlierten, während eine Gruppe neugieriger barfüßiger Inder in frischgewaschenem Dhoti durch den Palast wie durch ein Museum geführt wurde. Mit geöffneten Mündern betrachteten sie kindlich staunend die ausgestopften Tiger auf der Treppe und die Sammlung europäischer Uhren mit Westminster-Klang in der Bar. Offenes, herzliches Lachen, als der Kuckuck der Schwarzwalduhr erschien. Kindliche Freude, kein Neid. Selbst dann kein Neid, wenn sie später in ihrem sauber mit Kuhdung geschrubbten Zimmer liegen und sich des angenehmen Gefühls beim Laufen durch frisch gesprengten Rasen erinnern, während zu ihnen einmal aller drei Tage der Tankwagen kommt, um ihnen einen Eimer dieses kostbaren Elements zu bringen. Was für sie unerfüllbare Träume bleiben, nehmen wir derweil beinahe achtlos zur Kenntnis, während wir durch die endlosen Gänge laufen. An Höfen vorbei, in denen die Pfauen schreien und die Fledermäuse herumsegeln, gelangen wir dann endlich in unsere Suiten, in denen bereits eifriges Personal unter Turbanen sich anschickt, Vorhänge zuzuziehen und Betten aufzuschlagen. Noch immer tun diese jungen Männer alles lächelnd und aufmerksam, was der weiße Sahib verlangt - gegen ein kleines Trinkgeld, versteht sich.

Kein Aufmucken, kein Revoltieren, sondern Schicksalsergebenheit. Dies ist ihr Karma. Und immerhin freut sich sogar die Familie, wenn sie nach der Arbeit das ausrangierte Hemd und das verwaschene T-Shirt mitbringen, das ihnen der Sahib großmütig überlässt. Es geht ihnen gut, verglichen mit dem Nachbarn, der keine Arbeit hat, dafür jedoch drei Töchter, um deren Aussteuer er sich große Sorgen machen muss. Aber vielleicht ist auch sein Schicksal günstig, und eine von ihnen stirbt, krank ist sie immerhin schon. Vielleicht hat die älteste von ihnen auch ein Einsehen und begeht Selbstmord, um ihre Eltern nicht ins Elend zu stürzen. Und vielleicht wird das nächste Kind, das die Frau erwartet, sogar endlich ein Sohn, der dann der Familie nicht nur eine Mitgift einbringt, sondern auch für den Vater nach dessen Tod die Opfer vollzieht und um ein besseres Karma für ihn bei Krishna oder einem der anderen Götter bittet, denn dies können nur die Söhne, selbst wenn genau wie diese natürlich auch Frauen und Mädchen den Tempel besuchen und dort ihr Erscheinen mit der über dem Eingang hängenden Glocke laut ankündigen.

Mit bloßen Füßen - frisch eingeflogene Europäer, deren Fußsohlen noch nicht die dafür erworbene Hornhaut aufweisen, tragen Tempelsocken - durchschreitet man die knallbunten Hindutempel, deren Farbzusammenstellung von rosa und hellblau, lindgrün und zitronengelb uns in Bezug auf unser Farbempfinden etwas kitschig anmutet und an mit Zuckerguss überzogene Marzipantorten erinnert, die mit ihren darauf gesetzten Figürchen die Kinder an deren Geburtstagen erfreuen.

Mit etwas Glück kann man der mehrmals am Tage vom Brahmanenpriester vorgenommenen Ehrenbezeugung des Kultbildes beiwohnen, das im Augenblick der Weihe zum Gott selbst erhoben wird. Nach der Reinigung werden ihm hierzu Rezitationen, Speisen und Blumenketten dargebracht. Es sind die gleichen duftenden Ketten gelber und orangefarbener Blumen, die dem Fremden im Tempel auch um den Hals gelegt werden, um ihm Glück zu wünschen. Häufig geschieht dies allerdings mit recht resoluter Bakschischforderung, die bereits erhoben wird, wenn ihm der Tempeldiener, ohne zu fragen, die Stirn mit einem Punkt aus Sandelholzpaste (Tika) betupft, was ebenfalls ein Glückszeichen ist. Besonders hartnäckig wird dieser Forderung Nachdruck verliehen in den unbemalten, reich geschnitzten Steintempeln der Jains, den Anhängern einer Reformreligion, die ebenso wie der Buddhismus im 6. Jahrhundert vor Christus entstanden ist und bei der das absolute Ahimsa schon dadurch zu erkennen ist, dass die Gläubigen mit einem Mundschutz herumlaufen, um keine Insekten einzuatmen und somit zu töten. Es handelt sich hier meist um reiche Leute, die sich mit einem Fahrrad nicht mehr begnügen, sondern selbstverständlich ein Auto zur Fortbewegung benötigen. Beim schnellen Fahren bleiben dann natürlich gerade dieselben Insekten, die sie nicht einatmen wollten, an der Windschutzscheibe kleben. Ein Widerspruch? Nicht im Geringsten: denn diese Tötung geht nicht auf ihr Konto, sondern auf das ihres Chauffeurs.

Durch Askese versuchen die Jains, das Nirwana zu erlangen, ähnlich wie die Buddhisten durch Meditation, während es einem Hindu nicht möglich ist, darauf Einfluss zu nehmen. Streng geben sie sich, stellen in Mount Abu sogar Tafeln auf, die es Frauen, die gerade ihre Menstruation haben, hier strengstens untersagen, den Tempel zu besuchen, denn Blut ist natürlich unrein. Doch das ist in anderen Tempeln meist ebenso.

Aber dem Europäer nicht einleuchtende Vorschriften werden verdrängt, wenn er die Kunstwerke der Tempelanlagen erblickt mit ihren reich in Sandstein oder Marmor geschnitzten Kassettendecken, den Hunderten von Säulen, von denen keine der anderen gleicht, den herrlichen Kuppeln, die mit Szenen aus den Puranas, dem Mahabharata oder dem Ramayana überhäuft sind. Hier finden wir Götterdarstellungen wie die des tanzenden Shiva oder des auf der Weltenschlange ruhenden Vishnu, Götter, deren Vielgliedrigkeit und Vielköpfigkeit auf ihre Omnipotenz und Allwissenheit verweisen. In den Seitennischen des Tempels erblicken wir die sich nicht voneinander unterscheidenden 24 Tirthankaras, die Furtbereiter der Jains, deren Leben Vorbildfunktion für die Gläubigen hat. Die Nischen selbst sind mit reichem Ornamentalschmuck versehen. Mit Worten kaum zu beschreibende Arbeiten, die unseren Holzschnitzereien vergleichbar sind. Die Steinmetze, die ursprünglich nach dem anfallenden Staub bezahlt wurden, meißeln noch heute nach mittelalterlicher Methode: barfuß, ohne Augenbedeckung oder andere Arbeitsschutzmaßnahmen. Ihr Handwerk vererbt sich noch immer vom Vater auf den Sohn. Wie Großvater und Urgroßvater kennen beide keine künstlerische Freiheit, sondern halten sich wie schon die Generationen vor ihnen bei der Arbeit an genauestens vorgeschriebene Details.

Ist der Tempel von Ranakpur schon ein Meisterwerk, so bleibt einem der Atem völlig stehen bei der sich im Bundesstaat Gujarat befindenden Tempelstadt Palitana, und das nicht nur, weil ein Aufstieg von mehr als einer Stunde der Besichtigung vorausgeht. Da es auf dem sich schlängelnden, von Treppenstufen ständig unterbrochenen Weg keinen Schatten gibt, kann man mit einer Temperatur im April von bis zu 60 Grad rechnen, so dass ein europäischer Tourist durchaus seinen Teil zur Askese beiträgt. Für die Reichen des Landes gibt es natürlich die Möglichkeit, sich von dünnen, flinken, barfüßigen Männchen den 700 Meter hohen Satrunjaya in Sänften hinauftragen zu lassen, was besonders dickbäuchige, kurzatmige Gläubige tun, an deren Handgelenken schwere Goldreifen glitzern. Kurz vor dem Eingang lassen sie sich dann absetzen. Glauben sie in der Tat, dass man den Betrug nicht merkt?

Aber auch für uns sind alle Strapazen vergessen, wenn wir vor dem überwältigenden Anblick dieser Tempelanlage mit seinen Hunderten von Tempeln - genau sind es 863 - stehen, die mit ihren eng verschachtelten Kuppeln, Pyramiden, Türmen und Mauern vor uns liegt und über deren Stufen wir zu den Haupttempeln gelangen. Hier vergisst man den Aufstieg - schweißdurchnässt und außer Atem, wie man ist - und denkt noch lange nicht an den nicht minder beschwerlichen Rückweg über die 3765 Stufen. Am Wege werden einem zwar freundlich gegen ein kleines Bakschisch Becher mit Wasser angeboten, die ein Europäer mit in diesen Breiten eh schon überstrapaziertem Magen jedoch besser nicht anrühren sollte, selbst wenn es ihn noch so dürstet.

Weitaus weniger beschwerlich ist dagegen ein Besuch des Hindutempels der Karni Devi bei Bikaner in der Wüste Thar, den neben der Göttin schätzungsweise 20.000 Ratten bevölkern, denn ihre Körper beherbergen die verstorbenen Seelen der Familie der Göttin. Die shivagläubigen Besucher erscheinen ihnen uninteressant, interessant nur die Süßspeisen, die ihnen dargeboten werden. Obwohl hier genügend Korn und andere von Nagern bevorzugte Speisen vorhanden sind, handelt es sich keineswegs um fette, faule Kreaturen, die den Armen nur die Nahrung streitig machen. Sie gliedern sich vielmehr ein in das Zusammenleben von Mensch und Tier, ohne Emotionen, d.h. ohne übertriebene Liebesbezeugungen, wie sie dem von den europäischen Punks neu entdeckten Streicheltier erwiesen werden, aber auch ohne Aggressionen, die diesen Tieren die ältere Generation häufig entgegenbringt. Aggressionen gibt es vielleicht allenfalls unter ihnen selbst, worauf einige verkürzte Schwänze dieser kleinen Räudis, die in den mannigfachen Löchern des Tempels verschwinden, deuten. Aggressionen jedenfalls auch bei betuchten westlichen Touristen, deren Igitt-Bezeichnungen absolut fehl am Platze sind und weder von Indern noch von den flink an ihnen vorbeihuschenden Tierchen selbst zur Kenntnis genommen werden.

Faszinierend ist das auf dem Glauben an die Seelenwanderung beruhende Miteinander von Mensch und Tier, faszinierend der Anblick einer vor ihrem Häuschen hockenden jungen Mutter mit kleinem Kind im Arm, das seinerseits den Kopf einer schwarzen sich anschmiegenden Ziege eng umschlingt. Keiner würde hier auf die Idee kommen, den mitten auf der Straße schlafenden Hund von seinem Platz zu vertreiben, oder die im Schatten des Bodhi-Baumes zu dritt lagernden knochigen weißen Kühe. Autoaufkleber wie "Ich bremse auch für Tiere" erübrigen sich in diesem Land von selbst. Jede Kreatur ist von Gott beseelt, und das wird respektiert, jedenfalls vom Volk, das noch zu einem großen Teil nicht alphabetisiert ist. Andererseits gibt es natürlich in den Laboratorien Tierversuche wie überall. Und ob diese nur von Moslems durchgeführt werden, darf wohl bezweifelt werden. Der Preis der Zivilisation.

Natürlich führen die Tiere kein Drohnenleben, sondern werden zur Arbeit ebenso herangezogen wie die Menschen selbst. So sieht man die knochigen Kühe mit ihren nach dem Holi-Fest noch bunt bemalten Hörnern unermüdlich den mittelalterlichen Pflug auf den Feldern ziehen, oder man erblickt sie, wie sie stundenlang geduldig im Kreise laufen, um das hölzerne Wasserrad in Bewegung zu halten. Ebenso geduldig wie die unweit von ihnen beim Straßenbau beschäftigten Frauen für 13 Rupies am Tag die anfallenden Steine in bis zum Rande gefüllten Körben auf ihren Köpfen balancieren und fortschaffen.

Wie die Menschen, so haben sich auch vor allem die alten Tiere um ihr Futter selbst zu kümmern. Häufig erblickt man sie in den kleinen staubigen Orten zwischen Fahrrädern und Motorrikschas, nach allem suchend, was essbar ist, sei es ein nicht mehr zu nutzender Korb aus Palmwedel oder ein Stück Wellpappe. Geduldig kämmen hier Kuh und Ziege, Hund und Affe sowie das unserer Wildform sehr ähnliche kleine Borstenschwein die Straße nach etwas Nahrhaftem ab und sind auch nicht abgeneigt, den Touristen ebenso anzubetteln wie die sich für ein vom überfüllten Frühstücksbuffet des Hotels stammendes, altbackenes Brötchen bedankenden Kinder, die in ihren zerlumpten Kleidchen lachend vor einem herlaufen, oder die allzeit gegenwärtigen Leprösen, die uns ihre abfaulenden Stümpfe mit den daran - wer weiß wie – befestigten Blechdosen entgegenstrecken. Unter sie mischen sich die Gaukler mit ihren Tanzbären, Schlangen und Affen. Sie müssen sich ihre Nahrung verdienen, während ihre langschwänzigen Artverwandten in den Tempeln ein geruhsameres Leben führen.

So tanzt in Bombay Tag für Tag ein mit Sonnenbrille, Hut und rosa Röckchen ausgestatteter Affe direkt vor dem Gateway of India in Sichtnähe des Luxushotels Taj Mahal, einem der Weltbesten. Sein Besitzer verlangt für die Vorstellung das 15fache des üblichen Preises, denn er weiß genau, dass ein Durchschnittszimmer im Luxushotel 1900 Rupies kostet, und er sieht, wie seine Familie unweit davon auf der Straße kampiert. Er sieht, wie sein kleiner eineinhalbjähriger Neffe nackt in Zeitungspapier gehüllt neben dem Abfallberg schläft, auf dem die Krähen geschäftig ihrem Treiben nachgehen. Er sieht seine kleine Nichte nur wenig entfernt davon auf einem Stück Wellpappe hocken, in ein Buch vertieft, aus dem sie etwas über europäische Geschichte erfährt.

Die Krähen balgen sich inzwischen mit zwei hinzugelaufenen herrenlosen Hunden um einige undefinierbare, stinkende Abfallreste. Wenig später werden dann ein paar Männer kommen. Sie werden sich bemühen, den kleinsten Fetzen Papier, das noch so geringste Metallstückchen oder einen übriggelassenen Knochen aus eben diesem Haufen herauszuklauben, um diese Funde bei einer entfernten Sammelstelle abzuliefern. Für ein erhebliches Bakschisch haben sie sich dieses Privileg erworben, und nicht einmal für ein geringes Bakschisch wird die 12-Millionen-Stadt, die keine Müllabfuhr besitzt, vor einer Katastrophe bewahrt.

So wie die Familie des Affenbesitzers kampieren schätzungsweise drei Millionen auf der Straße, vier weitere im größten Slumgebiet Asiens am Rande der Stadt, dessen kleinste Hütte häufig blitzsauber ist und von dessen Bewohnern eine ganz beträchtliche Anzahl frühmorgens in Anzug und Krawatte zum Büro aufbricht.

Kein Wunder, denn die Mieten in der Filmmetropole, die ihr viktorianisches Stadtbild noch immer bewahrt und von roten Doppelstockbussen durchkreuzt wird, sind horrende, Häuser bleiben somit häufig leer oder stehen ohnehin nur als eine der 20.000 Hochhausruinen in der Stadt.

Trotz hoffnungsloser Überfüllung zieht dieses schwüle, stinkende, wundervolle Bombay Tausende am Tage an wie ein Magnet. Sie kommen in dem Glauben, hier ihr Leben ein wenig besser fristen zu können, sei es als einer der vielen nur mit Dhoti bekleideten Wäscher am großen Waschplatz, sei es als ein neben seiner unermüdlich scheppernden Maschine hockender Zuckerrohrsaftverkäufer auf der Straße, sei es als dessen geschniegelter Kollege in einem der teuren Glitzerläden, die es in jeder kapitalistischen Großstadt gibt, oder vielleicht sogar als umjubelter Filmstar mit Wohnung auf dem Malabar-Hügel, der ein Engagement als Krishnadarsteller erhält - oder wenigstens das für einen Werbespot. Vielleicht gelangt man aber auch nur von der Tempelprostitution auf dem Lande zur weitaus profaneren in der Stadt und verbringt sein Leben in den wie Käfige anmutenden Bordellen in der Nähe des Waschplatzes. Aber selbst das ist Karma, das man geduldig erträgt. Und somit wird auch der mit Fotoapparat und Filmkamera behängte Tourist hier nur überwiegend gleichgültig und freundlich wahrgenommen. Raubüberfalle kommen zwar vor, aber dem Ahimsa-Gebot entsprechend: ohne Brutalität, vielmehr durch Geschick. Opfer zu sein, wäre dann eben unser eigenes Schicksal, und Verständnis haben wir wohl inzwischen auch dafür. Was ist schon ein Fotoapparat, verglichen mit dem, was uns Indien gegeben hat, was wir uns bemüht haben, annähernd zu begreifen, uns bemüht haben zu erfühlen und zu sehen.

Wieder ist es Nacht. Und wieder befinden wir uns auf dem Weg zum Flughafen. Wieder lagern Tausende von Pavementdwellers auf dem warmen Boden zwischen Hunden und Kühen. Nur diesmal ist es eine andere faszinierende Stadt, deren laue benzin- und kloakengeschwängerte Luft uns noch lange begleitet. Sie begleitet uns ebenso wie die großen braunen Augen der die Touristen bestaunenden

Jungen und Mädchen, ebenso wie das kindliche Lachen der schwer arbeitenden Frauen, wie die klingende Stille der Tempel, die unsagbare Pracht der Paläste, ebenso wie die Ausgeglichenheit und Sanftheit der Menschen.

Maria hat inzwischen mit ihrer deutschen präzisen und insistierenden Art sowie mit ihrer indischen Freundlichkeit und Kenntnis der Bakschischgewohnheiten den Platz im Flugzeug gesichert.

Uns bleibt nun nur noch, Danke zu sagen, Danke! einem Land, in dessen Sprache es dieses Wort Danke nicht gibt.

QUER DURCH CHINA

CHINA WIE IM BILDERBUCH

Ein touristisches Muss jeder umfassenden China-Reise ist natürlich die Fahrt auf dem Li Jiang bei Guilin durch eine südchinesische Bilderbuchlandschaft, wie sie in jedem Fotoband zu bewundern ist: Bambusflöße treiben neben Entenschwärmen auf glasklarem smaragdgrünen Wasser dahin. An den Ufern ankern die Boote der Kormoranfischer unweit ihrer schilfgedeckten Hütten unter turmhohen Bambusstauden. Dahinter Karstfelsen, deren Kuppen von jahrtausendelangem Regen gerundet sind, plastisch gestaffelt, bis sie im Hintergrund in bläulichem Dunst verschwinden. Das alles ist tatsächlich vorzufinden, auch wenn man im Konvoi von überfüllten Touristenschiffen den Li-Fluss entlangfährt, inmitten japanischer und anderer Reisender. Sogar das Wasser des Li Jiang kann noch als klar bezeichnet werden, obwohl sich das Küchenpersonal mitnichten um die zweisprachige Anweisung auf dem großen Schild an Deck schert, der zufolge es verboten ist, etwas in den Fluss zu werfen. Die Landschaft ist allerdings durchsetzt von qualmenden Fabrikschornsteinen, zumindest in der Gegend um Guanxi, wo neben Panda-T-Shirts und Pu-Yi-Sonnenbrillen selbst Fahrradklingeln als antik feilgeboten werden.

In trauter Gemeinschaft mit denselben Touristen, mit denen man sich auf dem Schiff bereits um den besten Platz am Bug gedrängelt hat, durchschreitet man später die 20 Grad feucht-warmen Tropfsteinhöhlen wie z.B. die Lu Di Yan. Auf einem 500 Meter langen Weg gelangt man in deren größte Höhle, den Kristallpalast des Drachenkönigs, der 1000 Personen fasst und die zahlreichen Touristengruppen denn doch noch im Dunkel verschwinden lässt. Seine mit Neonröhren grell bunt angestrahlten Stalagmiten und Stalaktiten lassen allerdings weniger erstaunen als die nur einige Zentimeter hohen Pfützen, die ein unendlich tiefes Spiegelbild wiedergeben. Für kurze Zeit kann man vergessen, dass der von China geförderte Tourismus bald das romantische Erlebnis einer exotischen, wenig berührten Landschaft der Vergangenheit anheimgeben wird.

Noch ist es jedoch zumindest zu erahnen, das China der Tuschzeichnungen und Kalenderblätter, wenn man, umgeben von allen Souvenirpäckchen, das Rollbild über der Schulter, bequem mit der Eisenbahn - weiche Klasse, versteht sich - von Touristenziel zu Touristenziel rollt, auch wenn der alte Charme der Spitzendeckchen, roten Teppiche und Rüschenbettwäsche ein wenig vom Schmutz des sozialistischen Alltags überdeckt wird. So sollte der Reisende nach einer Nachtfahrt am nächsten Morgen - so er gewillt ist, das Frühstück im Speisewagen einzunehmen - den Blick in die Küche, an der er auf dem Weg von seinem Abteil vorbeikommt, besser vermeiden. Hier liegen grüner Kohl und schwarze Kohlen in trauter Zweisamkeit zu Bergen gestapelt nebeneinander, und dennoch sind Magen-Darm-Krankheiten selten, häufiges Reisemitbringsel vielmehr langwierige Erkältungen neben dem oben bereits erwähnten Rollbild, das sich im europäischen Heim über Biedermeiersofa und Gründersekretär dann doch eher wie ein Fremdkörper ausnehmen wird.

VON PEKING-ENTE BIS PEKING-OPER

Nicht immer wie beim Chinesen um die Ecke, doch durchweg gut speist man sowohl in den vornehmen Drehrestaurants der Ausländerhotels als auch in den kleinen Spezialitätenlokalen, auf deren Eingang neben den an unser Weihnachtsfest erinnernden Lichterketten die übereinander getürmten Drahtkäfige auf der Straße deuten. In ihnen warten geduldig Spezialitäten wie Schlange, Meerschwein oder eine kaninchengroße Bisamratte auf einen

Käufer. Der Armen war bereits ein Zahn beim Fang abgebrochen worden. Kein Wunder, dass sie die potentiellen Gäste angsterfüllt anfaucht.

Die dem Reisenden hier angebotenen Banketts bestehen aus bis zu 20 Gängen - niemals aus 7, denn das ist eine Unglückszahl, die nur auf Beerdigungen serviert wird. Es wechseln kalte Speisen, warme Gerichte, Reis, Suppe und Nachtisch einander ab, wobei der Reis immer zuletzt gereicht wird und man ihn nur isst, wenn die vorangehenden Gerichte nicht zur Sättigung beigetragen haben. Die Speisenfolge kann sich zwar nicht mit den 1000 Gängen am Hofe der Kaiserin Xixi messen, enthält aber durchaus auch Spezialitäten wie knorpelige Entenfüße oder schleimige Seegurken, die immer wieder den noch etwas unbeholfen geführten Stäbchen zu entgleiten drohen.

Beim im Pauschalpreis enthaltenen Peking-Ente-Essen kann der Gourmet auf die Stäbchen verzichten, denn er führt die zusammen mit Sojasoße und Frühlingszwiebeln in Eierkuchenteig eingerollten Entenstücke einfach mit den Fingern zum Mund. Das Essen selbst gestaltet sich dem wohl informierten Reisenden jedoch als etwas ernüchternd, da längst nicht mehr alle Gänge aus Ententeilen wie Zungen und Füßen bestehen, sondern die bereits am 25. Tag ihrer qualvollen Stopfung 2,5 Kilogramm schwere Ente nur noch als letzter Gang serviert wird. Zwar fett, ist sie aber dennoch köstlich, wenn sie nach 24 stündigem Trocknen eingerieben mit Malzzucker zubereitet und serviert wird.

Während im Norden eben diese Peking-Ente als Spezialität angepriesen wird, findet sich in Sezuan dann die scharfe Küche. Im Süden dominiert dagegen das berühmte Süßsauer, und im Süden von Yangzhou werden Gemüse und Wasserprodukte angeboten. Kanton serviert schließlich alles, was Beine hat, außer einem Tisch. Und sollte es dann tatsächlich noch jemanden geben, der nach 30-tägiger Rundreise seine Schwierigkeiten mit den Stäbchen hat, so bleibt für ihn der Besuch im Pekinger Kentucky Fried Chicken oder im neu eröffneten McDonald's, um sein gewohntes Fast Food einzunehmen.

Die Chinesen selbst essen in der Regel erheblich einfacher als ihre ausländischen Besucher: mittags eine Suppe, Reis und ein Gericht, das sie, wenn sie in der Stadt wohnen, häufig in einer der unzähligen Garküchen einnehmen, deren Öfchen unermüdlich qualmen und einen Duft verbreiten, der den europäischen Nasen nicht immer als einladend erscheint.

Auch darf bei den Mahlzeiten der Bezug zur Gesundheit nicht vergessen werden. So gilt vor allem in Guilin neben dem Genuss von Spanferkel und Schlangenschnaps der Verzehr von Hundefleisch als eine medizinische Vorsorge, deren Wirkung uns der Guide in gebrochenem Deutsch folgendermaßen erläutert: "Hundefleisch nur im Winter ... Feuertopf ... Macht ganz warm ... Im Sommer nicht gut ... Manche Hund nicht gegessen ... Verstanden?" Den in der Reisegruppe sich befindenden Hundebesitzern stehen trotz in China bereits erworbener Erkältung die Haare zu Berge. Auch sind sie völlig entgeistert über die von Hongkong aus veranstalteten Hundetours nach Rot-China, die im Winter von dortigen Reiseunternehmen wie bei uns die Butterfahrten angeboten werden, denn dank britischer Hoheitsgewalt bis 1997 ist eine derartige medizinische Vorsorge hier eigentlich verboten.

Auf den Märkten findet man dann vieles wieder, was die Speisekarte bietet: die Pilze, den grünen Kohl, die riesigen Bambussprossen und die roten Tomaten an den Gemüseständen, hinter denen sich zwei noch im Mao-Look gekleidete Frauen selbstvergessen die Fingernägel säubern. Zwischen den Ständen spielen Kinder Hulahoop, und

Erwachsene laufen mit ihrem Einweckglas in der Hand umher, nach einer Möglichkeit Ausschau haltend, ihre sich im Glas befindenden Teeblätter zum x-ten Male an diesem Tage aufbrühen zu lassen.

Auf Kantons Markt Qingpinglu fällt dann vor allem die medizinische Abteilung am Eingang auf, in der neben getrockneten Echsen, Kröten und Schlangen auch Geweihe und Schildkrötenpanzer sowie Ginseng in jedweder Form angeboten werden. Es folgt die Lebendfleischabteilung mit zahlreichen Varianten des Federviehs, Hasen, Schild- und anderen Kröten, übereinander gebundenen Fröschen im Zehnerpack, die der Händler möglichen Käufern lachend entgegenhält, Bisamratten, Waschbären, Katzen. Hunde fehlen, denn es ist nicht die Jahreszeit für dieses Erkältungskrankheiten vorbeugende Mahl. Jedes Tier erfüllt im Übrigen grundsätzlich irgendeine Vorbeugefunktion gegen Krankheiten und Gebrechen.

Wie man bereits in den Restaurants erfahren hat, verspeisen Kantonesen alles, nur frisch muss es sein. Und so ist bei den Fischhändlern die auf dem Tisch liegende lebendige Ware von Eisblöcken gekühlt zu entdecken, was die Fische allerdings auch nicht vorm Erstickungstod bewahrt. Daneben erfrischt ein Händler seinen dem Verenden nahenden Rehbock gerade unter einem kalten Wasserstrahl, denn das Tier ist noch nicht verkauft. Und um dem interessierten Käufer zu zeigen, dass das Fleisch tatsächlich der angepriesenen Güte entspricht, liegen an jedem Stand Stöcke mit scharfer Spitze bereit, mit denen die sich ihrer Qual in der Sonne ergebenden Kreaturen dann ab und zu angestochen und zur unfreiwilligen Bewegung veranlasst werden. Nicht alle Händler sind auf diese Frischequalität bedacht, und so ist es nicht zu vermeiden, dass in den überfüllten kleinen Maschendrahtkäfigen verendende neben lebendigen, lebende auf toten Tieren liegen.

Entsetzt und die Umstände unserer eigenen Massentierhaltung verdrängend, wendet sich der europäische Tourist dann schon lieber der Abteilung zu, in der das Fleisch bereits fein säuberlich in Portionen zerlegt angeboten wird, die nicht mehr eindeutig einem bestimmten Tier zuzuordnen sind. Dieser Anblick strapaziert seine angespannten Nerven nicht länger, selbst wenn sie hier den befremdenden Gerüchen ungekühlten in der Sonne liegenden Fleisches und Fisches ausgesetzt sind. Zwar nicht amerikanische Hygienevorschriften vor Augen, jedoch durchaus wissend, dass Fliegen nicht aufs Fleisch gehören, zieht sich eine modisch gewandete Händlerin mittleren Alters schnell ihren Absatzschuh aus, um damit eine vorwitzig auf dem Hüftsteak sitzende Fliege zu erschlagen. Und Anerkennung heischend, blickt sie nach erfolgreicher Jagd in die Runde, bevor sie den Schuh wieder anzieht.

Man atmet auf, als die an die Lebend- und Frischfleisch angrenzende Stoffabteilung erreicht wird. Hier finden sich auch die Schneider, die die nebenan gekauften Stoffe sofort zu Anzügen, Blusen, Röcken und anderen Kleidungsstücken verarbeiten. Auf strenge Arbeitsteilung wird geachtet: Der erste schneidet zu, der nächste näht ausschließlich.

Inzwischen hat man nun nicht nur zum gewohnten Gleichmut, sondern auch zur Gemüseabteilung zurückgefunden, um den Markt zu verlassen, wo der Geruch der im Inneren so verführerisch rosa aussehenden Süßkartoffeln, die auf kleinen aus Fässern hergestellten Öfen gerade gebacken werden, den Appetit wieder anregt auf ein so richtig schön durchgebratenes Stück Lammkotelett.

Aber der Mensch lebt nicht vom Fleisch allein, und so gehören neben den kulinarischen auch die kulturellen Genüsse zum kompletten Chinaerlebnis wie z.B. die während der Kulturrevolution verbotene Peking-Oper oder die Akrobatenshow in Shanghai.

Gebannt wie das naive chinesische Publikum vor und nach Mao wohnt der Zuschauer den Geschichten der Opern bei, die zwar nicht mehr ausschließlich von Männern dargestellt werden, deren Künstler aber noch immer mit genau festgelegter Mimik und Gestik agieren, wenn sie sich in kleinen Schrittchen über die Bühne bewegen. Die Handlungen der Opern, die sich aus den höfischen Vorführungen der Tang-Zeit (9.Jh.) an zahlreichen Orten Chinas entwickelt haben, sind auch ohne Textkenntnis leicht zu verstehen, denn es sind Geschichten von Liebe und Eifersucht, Verrat und Treue, besonders der Treue zum Kaiser. Meist wurden sie nämlich von Beamten im konfuzianischen Sinn zur Belohnung und Erziehung des Volkes, das weder lesen noch schreiben konnte, verfasst. Und so herrscht in den Zivil- und Militärstücken eine ziemliche Schwarz-Weiß-Malerei vor im Gegensatz zu den bunten symbolträchtigen Farben der in ihnen auftretenden Masken. Die rot geschminkten Guten, d.h. die Loyalen, die Fürsten, die Frauen und manchmal auch die hohen Beamten, tragen zum Ende immer den Sieg davon über die weiß geschminkten Bösen, die Listenreichen und Heuchler. Aufgelockert werden die Belehrungen durch regelrechte Akrobatenshows, die von grün geschminkten Geistern oder in den Militärstücken von treuen Kämpfern ausgeführt werden, manchmal gegen Löwen, manchmal gegen Drachen. Während die noch aus der Ming-Zeit übernommenen Kostüme von kostbarer Pracht sind, sucht man umfangreiche Requisiten vergeblich. Die chinesische Oper kommt mit einem Tisch und zwei Stühlen aus, die multifunktional verwendet werden: als Boot, als Thron, als

Mauer, als Hügel, als Pferd. Und auch die Kulissen werden nur durch einen Vorhang im Hintergrund ersetzt.

Bei den in den Hotelfoyers vorgeführten Tänzen und Gesängen aus der Tang-Zeit setzt man dagegen voll auf die Technik und liefert dem betuchten Besucher ein regelrechtes Bilderbucherlebnis. Mit Hilfe von Diaprojektionen findet er sich inmitten des Kaiserpalastes wieder, über den die Schäfchenwolken hinwegziehen und vor dem die Künstler in prächtigen kaisergelben Kostümen mit langem wehendem Schleier agieren. Man fühlt sich unweigerlich an Son-et-lumière-Vorführungen im heimischen Europa erinnert - trotz der Klänge von Bronzegongs und chinesischen Blas-, Streich- und Zupfinstrumenten.

In der Oper hat man bereits einen Vorgeschmack auf die Akrobatik bekommen, die man dann neben zahlreichen Tiernummern im Shanghaier Zirkus erlebt, in den ein sich sehr weltmännisch gebender Guide führt, dessen Verhalten sich deutlich von dem des ersten Guides im eher provinzartig verschlafenen Beijing abhebt. Neben Seiltänzern, Tellerdrehern und Jongleuren, deren riesige Bodenvasen erstaunlicherweise immer wieder auf ihrem Kopf landen und ihnen unweigerlich Kopfschmerzen verursachen müssen, fallen besonders die Schlangenmenschen auf. In ihren glitzernden Kostümen winden sie sich durch enge Ringe und erinnern so manchen Besucher eindringlich an den durch eine unbequem verbrachte Nacht im Flugzeug hervorgerufenen Hexenschuss. Auch lassen sie darüber sinnieren, wie es mit der Gesundheit der Akrobaten wohl im Alter bestellt sei. Aber dies ist eine europäische Sichtweise, die den chinesischen Akrobaten genauso abwegig erscheint wie das Mitgefühl für ihre Tier-Kollegen. Hierbei befremdet den europäischen Zuschauer vor allem eine Nummer, in der die Clowns immer wieder neue Goldfische an langer Angelschnur aus dem Publikum herausfischen, um sie dann in einem in der Mitte der Arena aufgestellten Bassin schwimmen zu lassen. Das Befremden hält sich aber auch bei den Europäern in Grenzen und weicht dem Staunen über die Fingerfertigkeit dieses Zaubertricks, bei dem die Fische zuvor in den Ärmeln versteckt wurden.

Relativ früh am Abend, nämlich gegen 21 oder 22 Uhr, sind alle Abendunterhaltungen beendet, denn auch die Touristenvorstellungen passen sich dem chinesischen Lebensrhythmus an, dessen Aktivitäten bereits in den frühen Morgenstunden beginnen.

SCHNEE IM APRIL

Doch das Angebot grasgrüner warmer Sweat-Shirts mit der Aufschrift "I climbed the great wall" an nahezu jeder der kleinen Holzbuden bei Badaling verspricht, die Besichtigung des Weltwunders sogar halbwegs ohne Erkältung zu überstehen. Mit ihm, über Hemd und leichte Sommerjacke gestreift, kann man also getrost der aufgedruckten Aussage nachkommen, auch wenn der eisige Wind noch dicke Flocken heranweht und seine Besucher nahezu von den unterschiedlich hohen Stufen fegt, denn die einen Meter breiten **Mauern** bieten heute genauso wenig Schutz vor dem Wetter wie in den vorangegangenen Zeiten, als sich noch fünf Pferde oder zehn Soldaten gleichz eitig nebeneinander über Teilstrecken des circa 6500 K ilometer langen Weltwunders bewegten, das man als einziges menschliches Bauwerk vom Mond aus erkennen kann.

Auch der eng bemessene Windschatten der jeweils 100 Meter voneinander entfernten Türme bietet allenfalls den zahlreichen Postkarten- und Souvenirhändlern Schutz, deren Nachschubware heute stapelweise in den Türmen lagert, dort wo man früher Getreide und Ausrüstungsgegenstände aufbewahrte und von wo aus Rauch- und

Feuersignale entsandt wurden. Nicht nur die Kälte, sondern auch die Geschichten vom Kaiser Qin Shi Huangdi (221-210 v. Chr.), unter dem der Bau entstanden ist, lassen erschauern. Er habe nämlich sich weigernde Arbeiter erdrosseln und in den Mauerfundamenten begraben lassen. Maximal acht Meter unter den Füßen der Besucher befinden sie sich nun.

Bei diesem Herrscher handelt es sich um denselben Sohn des Himmels, dessen Grab bewachende Terrakottaarmee wenig später bei Xian besichtigt werden kann. Nachdem Qin Shi Huangdi alle Fürsten beseitigt hatte, einte er das chinesische Großreich zum ersten Male und machte sich zu dessen erstem Kaiser. Mao Zedong fühlte sich ihm schon deshalb verwandt, weil der Herrscher sich bemüht hatte, das Großreich mit einer zentralistischen Beamtenschaft zu kontrollieren, Grund und Boden sowie den Handel von Salz, Eisen und Getreide verstaatlicht und die konfuzianischen Sitten bekämpft hatte. Nicht nur 500 konfuzianische Gelehrte ließ er dabei hinrichten und alle konfuzianischen Schriften vernichten – unweigerlich fühlt man sich an die Kulturrevolution erinnert-, sondern es schufteten auch 38 Jahre lang 700.000 Zwangsarbeiter für sein riesiges Grab unter dem künstlich angelegten Erdhügel, ohne dass es jedoch bis zu seinem Tode fertiggestellt worden war. Das Grab befindet sich unter drei Wasserschichten, deren erste in 23 Meter Tiefe unter der Erde liegt. Es soll einen Fluss von zwei Tonnen Quecksilber bergen, dessen Zweck es ist, das Grab vor Räubern zu schützen, ebenso wie die vermutlich vorhandenen tönernen Bogenschützen, deren Pfeile sich beim Eindringen unerwünschter Grabräuber lösen. Die Chinesen haben zwar durchaus den Mut, aber weder die Gelder noch das Know-how, das Grab zu öffnen, und so wird dessen Intaktheit der Zukunft bewahrt - im Gegensatz zu den 7000 bis zu zwei Meter hohen Kriegern aus Ton, die unweit im Osten davon ebenfalls die Aufgabe hatten, das Grab zu beschützen. Gegen Westen brauchte man diesen Schutz nicht, da dort der gute Drache wohnte und von diesem nichts Böses zu erwarten war. Und in den anderen beiden Himmelsrichtungen fanden sich natürliche Schutzmöglichkeiten: Berge und ein Fluss.

Von den ca. 7000 Kriegern, 600 Pferden und 130 Streitwagen aus Holz, die beiden letzteren in verkleinertem Maßstab, empfangen den Besucher gut 1000 geschwärzte Krieger in der ersten Halle. 1974 hatte man sie bei der Feldarbeit als Scherbenhaufen gefunden und rekonstruieren müssen, da über ihnen bei einem Brand die sie schützenden Balkenkonstruktionen zusammengebrochen waren. Der Standhaftigkeit wegen waren sie bis zu den Oberschenkeln vollplastisch ausgeführt worden. Während lediglich mit geringen Variationen dann der restliche Teil als Hohlplastik erfolgt war, wurden ihre Gesichter individuell modelliert. Vertreter der an ihren Zöpfen zu erkennenden Krieger in den vorderen Reihen und der mit Hauben dargestellten Befehlshaber sehr viel weiter hinten beschützen nach der Reise bei vielen der Besucher - in trauter Nähe vereint und auf die handliche Größe von zwanzig Zentimetern gebracht - das Meißener Porzellan in der Vitrine zu Hause.

CHINA IM WANDEL

Zweimal schauen wir uns um in Beijings Beihai-Park, denn wir trauen unseren Augen nicht. Doch wir haben uns nicht getäuscht: Das niedliche kleine Wollknäuel neben dem jungen Mann und seiner Freundin in rotem Minirock ist tatsächlich ein junger Hund undefinierbarer Rasse. Seit 1949 Gipfel der Dekadenz und noch heute verboten, gibt es Hunde offiziell nur als Wintermahlzeit, da ihr Fleisch als erkältungsvorbeugend gilt. Der kleine Kerl dagegen

123

genießt hier die Frühlingssonne ganz ungeniert, und natürlich auch den Stolz seiner Besitzer.

Es ist nicht zu übersehen: China befindet sich im Wandel, selbst wenn sich noch immer Tag für Tag gewaltige Schlangen auf dem Platz des Himmlischen Friedens um das Mao-Mausoleum herum ringeln und nicht einmal Ausländer einen Eintrittspreis dafür entrichten müssen.

Aber schon 25 km außerhalb von Beijing ist es möglich, so ein niedliches Wollknäuel auszuleihen - bei einer Gebühr von 2 Yuan (40 Pfennig) für 10 Minuten. Und innerhalb der Stadt trägt die modebewusste Chinesin - zwar noch vereinzelt, jedoch nicht länger übersehbar - Hamster und Wellensittich im Minikäfig statt Handtasche. Vorbilder finden sich natürlich auch in weniger dem Westen geöffneten Zeiten, denn schon früher nahmen die alten Männer ihre Nachtigallen mit sich in den Park, wo sie die Käfige in die Bäume hängten während ihres Mahjong- oder Kartenspiels.

Auch der ungenierte Umgang unserer beiden Hundebesitzer deutet auf diesen Wandel. Sie geben sich durchaus als Liebespaar zu erkennen, was noch immer verpönt ist im prüden, kommunistischen China. Im Schatten der gerade aufgeblühten Blume schlendern sie händchenhaltend vorbei an Zeitungstischen, auf denen Magazine ausgebreitet liegen mit Titelfotos von Bikinimädchen, um sich dann an einem Fotostand in Perücke und gelbem Kostüm aus der Kaiserzeit ablichten zu lassen, das sie zuvor über Minirock und Jeans gestreift haben. Mao schläft derweil in seinem Schneewittchensarg und wird auch nicht vom Duft des englischen Tees geweckt, den sich unsere beiden von einer vorzeitig zurückgekommenen Hongkong-Chinesin servieren lassen. Vielleicht nehmen sie sich nach Verlassen der Teestube sogar eine mit blau-weiß-gestreiftem Stoff überdachte Fahrradrikscha oder eines der inzwischen die Straßen verstopfenden Taxis zurück in ihre enge Wohnstube bei den Eltern im Altstadtviertel, wo der Jauchewagen noch Tag für Tag die Exkremente abholt. Ganz sicher jedoch übersehen sie die Bettler am Ausgang des Parks, die es offiziell auch gar nicht gibt. Die können sich an die Touristen halten.

Noch drei Jahre sind es, bis Hongkong zurück an China gelangt. Ängste oder Befürchtungen? Warum? China passt sich doch heute schon Hongkong an, natürlich nicht im politischen Bereich (noch nicht?). Und wenn erst im Jahre 2010 alle 11 Millionen Einwohner in Beijing ein privates Auto besitzen dürfen, wie es die englischsprachige Tageszeitung China Daily bereits heute schon propagandistisch in Aussicht stellt, dann ist doch die Welt in Ordnung!

Anmerkung 2023: Leider ist sie das nicht, auch wenn der Autoverkehr tatsächlich die Fahrräder abgelöst hat.

QUER DURCH BURMA

GRUSELDIKTATUR MIT MALARIARISIKO

Burma, Birma, Myanmar. Ein Politikum, wobei allerdings die Bezeichnung Birma lediglich die deutsche Version des von den Engländern der Kolonialzeit verwendeten Burma verkörpert. Daneben seit 1989 offiziell Myanmar - von der Militärregierung eingeführt, um alle Volksstämme der 55 Mio. Einwohner, nicht nur den der Bama, zu berücksichtigen, eigentlich jedoch, um sich deutlich von der Kolonialzeit (1886-1947) abzuheben.

Alles wird zum Politikum für eine Diktatur, die zwar seit 10 Jahren Satellitenschüsseln als Fenster zur Welt zulässt und auch dem offiziellen Einfuhrverbot von Handys für ausländische Besucher mit maximal vierwöchigem Visum nicht mehr so strikt nachkommt wie angekündigt. Die jedoch bei Katastrophen wie dem Zyklon Nargis Hilfsangebote bewusst behindert wie zum Beispiel die Landung eines amerikanischen Schiffes, das schon am ersten Tag der Katastrophe vor der Küste auf eine Landeerlaubnis wartete und bereits drei Tage früher hätte zum Einsatz kommen können, um die Opfer zu retten. Eine Regierung, die ihre Volksheldin, die „Lady" und Tochter des Staatsgründers Aung-San, schon seit 1988 mit Unterbrechung unter Hausarrest hielt und inzwischen von dort direkt ins Gefängnis überstellt hat, weil ein amerikanischer Journalist auf ihr Grundstück zu ihr vorgedrungen war. Und das ohne ihr Wissen. Ihr Beispiel zeigt, wie man Oppositionelle zum Schweigen bringt. Gerade rechtzeitig vor den Wahlen. Aung San Suu Kyi, deren berühmter Vater einem Attentat zum Opfer fiel, als sie zwei Jahre alt war, forderte 1988 - zurückgekehrt nach 30 Jahren Auslandsaufenthalt - die Demokratie und gründete die National League of Democacy, was der Friedensnobelpreisträgerin letzten Endes ihre Unfreiheit, aber auch ihre Verehrung durch das Volk eintrug. Eine Regierung also, die jeden

Widerstand brutal niederschlägt wie den Aufstand der Mönche 2007 und seitdem an die 3000 politische Gefangene in ihren Kerkern eingesperrt hält, obwohl es offiziell keine politischen Gefangenen gibt. Eine Regierung, die bei der Visabeantragung unterschreiben lässt, dass sich der Besucher nicht in politische Angelegenheiten einmischt, und ihn ab der Einreise diskret beobachtet. Eine Regierung, die sich vor der Öffentlichkeit in der 2006 gegründeten Haupstadt Naypyidaw 420 Kilometer von Yangon entfert verschanzt. Eintritt für Zivilisten und Ausländer verboten! Eine Regierung, die Amerika eigentlich schmäht, dennoch mit amerikanischen Unternehmern Geschäfte macht, und eine Dollarwährung verachtet, obwohl diese nahezu offizieller Zahlungskurs im ganzen Land ist.

One Dollar ist nicht nur das Trinkgeld des Kofferträgers und Hotelpersonals (bei einem Tageseinkommen eines Manufakturarbeiters von 2 bis 5 Dollar), sondern auch die spielerisch selbstbewusste Forderung der überall anzutreffenden bettelnden Kinder. Und dabei ist man äußerst kritisch, erkennt leicht geknickte, eingerissene oder auch nur den geringsten Bleistiftstrich aufweisende Noten nicht an. Die im offiziellen Wechselkurs von 1 Dollar zu 6 Kyat (an jeder Ecke, in jedem Geschäft 1 Dollar zu 1000 Kyat) eingelösten einheimischen Scheine sind dagegen von einem Zustand, dass der Hygiene bewusste Europäer oder Amerikaner sie dem eigenen Portemonnaie wohl lieber nicht zumuten möchte und besser in Plastiktüten eingewickelt mit sich herumträgt. Die Regierung hält sich bei eigenen Geschäften selbstverständlich an den offiziellen Kurs, was die ausländischen Investoren nicht immer glücklich stimmt.

Eigentlich eine korrupte Gruseldiktatur mit Malariarisiko, die nur boykottiert werden sollte und es offensichtlich auch wird. Denn die Reisegruppen gehen zurück, Reiseveranstalter stornieren ihre Angebote wegen zu geringer Nachfrage. Im Lande selbst mal hier eine italienische, dort eine französische Gruppe neben ein paar Individualtouristen.

Aber das ist keineswegs das einzige Gesicht von Burma oder Birma oder Myanmar. Und ob man dieses landschaftlich abwechslungsreiche Märchengebiet mit seinen unzähligen Pagoden und freundlichen Menschen meiden sollte, ist auch nur eine abstrakt politische, aber keine Frage von Menschlichkeit. Denn die Diktatur in Myanmar überlebt durch die zur Normalität gehörende Korruption in Indochina ebenso wie ihre kommunistischen Nachbarregierungen, die auch ebenso wie sie von China gestützt werden. Aber ein Boykott verhindert den Informationsfluss nach außen und so manche individuell bezogene Dollarhilfe im Inneren des Landes, auch wenn sich Herr und Frau Saubermann durch das Fernbleiben ein Gefühl der Political Correctness erwerben. Nur nützt diese weiße Weste der Bevölkerung höchst wenig.

Burma ist weitaus mehr als eine Diktatur. Es ist das Land des Teak, des Thanaka und der Betelnuss, das Land der Wasserbüffel und Elefanten, der Bergstämme und Reisbauern, Buddhas und der Nats, und es ist vor allem das Land der vielen tausend Pagoden und Tempel, die alle Könige, Kolonialherren und Militärdiktaturen überdauert haben und auch in Zukunft überdauern werden.

MÄRCHENLAND DER PAGODEN UND KLÖSTER

Überall finden sie sich, egal, ob in den Städten oder auf dem Land, Pagoden über Pagoden. Alte im Ziegelsteinlook, deren Zierputz längst abgefallen ist, neue aus Beton. Unzählige, man schätzt eine Million. Buddha müsste schon zehn Köpfe gehabt haben, wenn all die Barthaare und Zähne, die sie von ihm beherbergen, echt sein sollten.

Die unzähligen vom rechten Pfad abgekommenen burmesischen Buddhisten, die durch den Bau einer Pagode ihr Karma verbessern wollen, gibt es dagegen sehr wohl. In historischer Zeit wie heute noch, selbst wenn der Schwiegersohn von Nr. Eins sich vermutlich mehr Meriten vom Bau eines Hotels auf dem Pagodengelände von Bagan versprach. Wenn es demzufolge bei ihm auch mit dem Nirwana nicht klappen sollte, so klappt es dann wenigstens mit den Devisen, da dieses Hotel zusätzlich einen Aussichtsturm bietet im Zentrum des Touristengebiets von Bagan, in dem man die von den 10.000 noch 2000 erhaltenen Pagoden aus dem 12. und 13. Jahrhundert sogar vom Fesselballon aus fotografieren kann. Der Turm ersetzt die teure auf die Wintermonate beschränkte Ballonfahrt von 250 Dollar (eine Grundschullehrerin verdient 40 Dollar im Monat) für so manchen Kunstfreund gegen eine geringere Gebühr. Und damit dieses Angebot auch wahrgenommen wird, ist das Erklimmen der Pagoden seit dem Bau des Hotels nur noch auf wenige Bauwerke beschränkt.

Eines davon ist die ca. 40 Meter hohe Dhammayazicazedi, deren Aufstieg allerdings etwas beschwerlich über Ziegelsteinstufen von teilweise 40 Zentimeter Höhe und nur 25 Zentimeter Breite erfolgen muss. Ein Geländer ist zwar vorhanden, das für Leute mit gebrochenem Arm wie mich leider beim Abstieg auf der falschen Seite lag. Aber nicht nur für Behinderte ist der Abstieg eine nicht ganz ungefährliche Angelegenheit, denn die Steigung von ca. 85 Grad über die schmalen pieksigen Stufen muss zudem auch noch wie in jeder Pagode barfuß - selbst Strümpfe sind nicht erlaubt - bewältigt werden.

Doch der mutige Pagodenkletterer wird belohnt mit einem atemberaubenden Blick über ein archäologisches Areal ungeahnten Ausmaßes, dessen quirliges Leben allerdings verschwunden ist, seitdem die dazwischen liegenden jahrhundertealten Holzhäuschen abgerissen, die Einwohner nach Neu-Bagan umquartiert worden sind. Auch ohne Sicherheitsmaßnahmen in vorgeschriebener Din lohnt allein schon dieses umwerfende Erlebnis einen Besuch Burmas und füllt die Kassen des Militärs. Bagan sehen und sterben, was wörtlich zu nehmen ist, wenn man sich mit den Oppositionellen solidarisiert, denn die Spitzel sind überall, so dass es besser ist, kritische Äußerungen weder auf Burmesisch noch auf Englisch verlauten zu lassen (Deutsch scheint noch ungefährlich zu sein), um nicht für unbegrenzte Zeit im Gefängnis zu landen.

Verlassen wir am Abend dann Bagan, frei und ohne Blessuren, und sogar ohne den Turm, dafür aber einige alte Pagoden bestiegen zu haben, dann huschen die riesigen Schatten der Stupas im Licht des früh aufgestiegenen Vollmonds an uns vorüber und lassen uns ein Märchen erleben, dessen Eindruck erst von den Märchen des Marionettenspielers in einem der Lokale verdrängt wird. Heute leider nur noch Abendunterhaltung zum Essen für Touristen, früher hingegen gewohntes Unterhaltungsprogramm für Jung und Alt, bis Film und Fernsehen es ablösten.

Aber auch außerhalb Bagans finden sich überall im Land unzählige Pagoden. So die Shwedagon-Pagode: Postkartenmotiv Nummer eins. Es gibt sicher ebenso beeindruckende Pagoden, aber es scheint doch die erste Station eines jeden Touristen zu sein, der mit dem Flugzeug in Yangon landet und deren goldene Türmchen er schon vom Flugzeug aus inmitten der Stadt erkennen kann.

Breite überdachte Treppenhallen führen hinauf zu ihr, zu deren Seiten die Händler wie eh und je und überall auf der Welt an ähnlichen Orten ihre Devotionalien feilbieten. Auch ich erstehe drei riesige Lotosknospen, die ich zu-

nächst für äußerst gelungene Kopien der echten Buddha-
blume halte, bis mir die zeitlos lächelnde Händlerin in
Zeichensprache erklärt, dass es sich um echte Blumen
handelt, deren Knospen man selbst auffächert, so dass die
typische weiß-rosa Blüte entsteht. Mit meinen drei nun
bereits auf diese Weise aufgefächerten Blüten steige ich
barfuß die Stufen nach oben zur Plattform, wo sich
Dutzende von goldenen Türmchen in der Sonne spiegeln.
Ein wundervoller Anblick. Dazwischen offene Hallen, in
denen Männer, Frauen, Kinder auf dem Boden sitzen und
meditieren.

Wohin nun mit meinen drei Blüten, die zum Opfer bestimmt sind? Ich blicke mich suchend um. Möglichkeiten
gibt es viele, denn in der Runde blicken überall Buddhafiguren dem Besucher entgegen.

Einer der safranfarben gekleideten Mönche, die überall in
Burma das Bild prägen, wünscht mir „good luck" und
nimmt sich meiner an. Ein freundlicher junger Mann, der
im Gegensatz zu vielen männlichen Jugendlichen nicht
nur ein paar Tage oder Wochen im Kloster verbringt,
sondern dort bereits schon seit seinem elften Lebensjahr
lebt. Nicht ohne mir mehrmals good luck zu wünschen
klärt er mich über die Opferriten auf und geleitet mich zunächst einmal zu der Marmorstatue, der meine Blüten
zustehen. Es ist der Buddha, an dessen Wochentag ich
geboren bin: ein Donnerstag. An der Ratte zu erkennen,
die dem Buddha beigegeben ist. Hier stecke ich meine
Blumen in die dafür vorgesehene Vase und werde zunächst auch angeleitet, die Figur mit dem vor ihr sich in
einem kleinen Becken befindenden Wasser zu begießen.
Während ich das lauwarme Wasser über ihren Körper
rinnen lasse, hat mein Mönch auch schon Räucherstäb-
chen organisiert, die ich in einem vorgesehenen Ständer
unweit des Buddhas entzünde, um mit dem Rauch meine

Wünsche auf die Reise zu schicken. Und dann kommt der letzte Brauch. Ich bekomme einige Seidenpapierchen mit Blattgold in die Hand gedrückt, das ich einer anderen Buddhafigur auf den Bauch reibe. Ein burmesischer Brauch, der die Ästhetik der Buddhafiguren, wie man sie aus dem banachbarten Thailand gewöhnt ist, nicht unbedingt unterstreicht. Es gibt Buddhas, die als solche nicht einmal mehr zu identifizieren sind, sondern nur noch das Abbild einer dicken unförmigen Kugel verkörpern. Aber Burma ist das Land des Goldes und der Edelsteine. So schmücken sogar das Schirmchen der vergoldeten Shwedagon-Pagode unzählige echte Edelsteine. Höchst bemerkenswert oder sogar paradox in einem der ärmsten Länder der Welt.

Zurück zu meinem Good-luck-Mönch. Er begleitet mich durch den ersten Tag in der Pagode und klärt mich über einige buddhistische Riten in fließendem Englisch auf. Und ich bemühe mich dabei, die angefaulten Zähne seines vom Bethel blutrot gefärbten Mundes zu ignorieren.

So ist in den drei Sommerferienmonaten der Hauptzeitpunkt gekommen, zu dem die Kinder, Jungen wie durchaus auch Mädchen (diese in rosa gekleidet), für eine gewisse Zeit das Kloster besuchen. Dem entsprechend kommen uns Schlangen von festtäglich angezogenen Männern, Frauen und Kindern immer wieder entgegen, auf deren Schultern am Kopf der Schlange fein herausgeputzte kleine Jungen sitzen. Ihre Häupter werden gekrönt von glänzenden mit Glassteinchen besetzten Hauben, in den Händen halten sie goldene Schirmchen. Das gehört zum Initiationsritus des Klosteraufenthalts, einem obligatorischen Ereignis in ihrem Leben, das unserer Kommunion oder Konfirmation entspricht. Wie Siddharta Gautama sich ihrer Würde bewusst, blicken die Kleinen noch einmal aus ihrer ungetrübten Welt des schönen

Scheines von oben in die Runde, bevor ihnen die Haare geschnitten werden und sie ihren Aufenthalt im Kloster beginnen. Für viele ist es eine vergnügliche Abwechslung: statt Arbeit Meditation und Reis; und das mit vielen anderen Kindern zusammen. Spätestens nach den Ferien kehren die meisten von ihnen in ihr altes Leben zurück, das wohl kaum mit dem des Prinzen zu vergleichen ist. Dieser sah vielmehr erst beim endgültigen Verlassen seines Palastes - bereits schon verheiratet und Vater - Krankheit, Tod, Armut und Askese und entwickelte aus dieser Ernüchterung heraus seine Lehre vom Leben als Leiden und dem achtfachen Pfad, der aus diesem Leiden wieder herausführt. Für unsere kahlköpfigen Kindermönche und -nonnen sind Armut und Krankheit alltäglich, und die einzige Chance, das Leid ihres Lebens zu überwinden, bietet ihnen allenfalls eine Schulbildung, die es allerdings mehr auf dem Papier gibt als in der Realität. Den Ärmsten von ihnen bleibt ein ständiger Aufenthalt im Kloster, in dem sie auch einen spärlichen Unterricht in Sanskrit und Englisch erhalten. Vor allem geschiedene Frauen und ihre Kinder wählen diesen Weg, der jederzeit wieder verlassen werden kann, denn ähnlich wie in den Nachbarländern sichert ihnen das Kloster einen Schlafplatz und eine zweimalige Schüssel Reis, die täglich früh morgens und mittags von Laien gespendet wird. Keinesfalls handelt es sich dabei um eine mildtätige Gabe, sondern vielmehr um eine Ehre, die sich der Spender erwirbt, und damit um eine Möglichkeit, das eigene Karma zu verbessern. Deshalb bedanken sich die Mönche auch nicht.

Dass die Zeremonie eine teure Angelegenheit ist, in der zahlreiche Verwandte und Freunde, Nachbarn und auf dem Lande zuweilen fast das gesamte Dorf beköstigt werden müssen, beweist, dass viele Familien ihre stattliche Kinderzahl auf einmal, vom Zweijährigen angefangen bis zum Neun- oder Vierzehnjährigen, ins Kloster schickt, um die Kosten für das Fest zu beschränken, wobei die Aufnahme selbst nichts kostet.

Meinem Good-luck-Mönch bekommt der Aufenthalt, denn wie alle, denen ich begegne, strahlt er eine überwältigende, freundliche Ruhe und Gelassenheit aus, eine Harmonie und ein In-sich-Ruhen, von dem wir als hektische, den immer rasch vorübereilenden Gelegenheiten hinterherhastende Europäer nur träumen können. Auf der anderen Seite bleiben ein Steak und ein Glas Wein für unseren kleinen Mönch wohl immer ein Traum.

In der untergehenden Abendsonne werden die Festgesellschaften dann von einer Reihe von Frauen und Mädchen abgelöst, die mit Besen bewaffnet den warmen Fliesenboden der Pagode von allerlei Unrat wie den ausgespuckten Betelresten für den nächsten Tag säubern.

Neben den altehrwürdigen Pagodenresten und dem Wahrzeichen Rangoons gibt es natürlich unzählige weitere Pagoden und Tempel, die einen kunsthistorisch ebenso hohen Rang einnehmen. Man schätzt eine Million für die 80 Prozent Buddhisten in Burma.

Unweit von Mandalay finden wir in Mingun die größte Pagode der Welt, einen immensen festungsartigen Klotz, der nie fertiggestellt und zu allem Überfluss auch noch von einigen Erdbeben beschädigt wurde. Dicht daneben die mit ihren 15 Metern Durchmesser größte funktionierende Glocke der Welt, inzwischen nicht mehr an ihrem Platz hängend, ebenfalls wegen eines Erdbebens.

Nicht weit entfernt auch das verlassene Maha aung Nye Zan-Kloster. Die Mönche hielten es dort nicht lange aus, weil es in ihm angeblich spuke. Und so dämmert das prächtig verzierte Geisterkloster im goldenen Abendlicht vor sich hin und lässt sich ab und an von ein paar Touristen bewundern, die, umringt vom Geschnatter einiger Mädchen, die zum Kauf ihrer Fächer und Kettchen drängen, einen Abstecher zum Geisterkloster auf ihrer Tour von Mandalay nach Mingun geplant haben.

Einen weiteren Superlativ bildet die Kuthodaw-Pagode in Mandalay. Sie birgt das größte Buch der Welt. 729 vornehme weiße Reihenhäuschen – Stupas genannt – bieten hier 729 Tipitaka-Marmortafeln Schutz vor Sonne und Regen. 2400 Mönche benötigten siebeneinhalb Jahre, um diese Palischriften in den Marmor zu meißeln. Allein um sie zu lesen, braucht man mehrere Monate, vorausgesetzt, dass man die Sprache beherrscht.

Aber vor allem auch die zahlreichen dunklen Teakholzpagoden und -klöster mit ihren wundervollen Schnitzereien und ihren teilweise vergoldeten Säulen sollten nicht unbeachtet bleiben. Das schönste ist wohl das 1834 erbaute Bagaya Kyaung in Inwa, das mit seinen 267 mächtigen Teakholzsäulen nicht nur Touristen, sondern auch Kinder und Jugendliche des Ortes lockt. Im Dunkel des Inneren hängen hier mehrere aufgeblasene Weichplastikgloben über ein paar Stühlchen hinter Tischen dicht neben den offenen Holzflügeltüren, die ein spärliches Sonnenlicht ins Dunkel lassen. Daneben ein Weidenkorb mit abgegriffenen Büchern. Eine Schule, in der ein paar Kinder umsonst von einem der Mönche unterrichtet werden. Schulbildung ist Pflicht, offiziell sind 98 Prozent der Bevölkerung alphabetisiert, was aber wohl nicht im Mindesten der Realität entspricht. Man kann von Glück sagen, einen Platz in dieser kleinen Schule ergattert zu haben, wo das Lernen umsonst, die Bildung mittelmäßig, das Licht düster, die Luft stickig ist. Doch der dunkle Teakbau vermittelt eine eigenartige Geborgenheit, sobald wir die Schuhe unten an der Treppe stehen gelassen haben, wozu eine handgeschriebene Tafel auf Englisch auffordert. Ab dann heißt es: Augen immer wieder zum Boden richten trotz beeindruckender Schnitzereien; nicht aus Respekt, nein, der eigenen Vorsicht wegen, denn die Nägel der dunklen Fußbodenbohlen ragen millimeterweit aus ihnen heraus und können unangenehme Wunden an unseren Füßen verursachen, ein einzugehendes Risiko bei diesem lohnenden Besuch.

Nicht nur Attrappe wie ihr ehemaliges Umfeld ist das Shwe Nan Daw Monastary. Eigentlich das Sterbehaus des Königs Mindon, dessen Sohn nicht an dieses traurige Ereignis erinnert werden wollte. Und so riss er das wundervoll geschnitzte Teakhaus von 1880 im Palast von Mandalay ab und baute es außerhalb wieder auf. Nur deshalb blieb es als eines der ganz wenigen Gebäude 1945 verschont im Krieg gegen die Japaner, die im Palast ihre Zentrale errichtet hatten. Sie waren nämlich von den Burmesen zu Hilfe gerufen worden, um die englische Kolonialmacht zu vertreiben. Nur wusste man nicht, dass es die Japaner weitaus schlimmer treiben würden. Und so riefen die Burmesen dann wieder die Engländer zu Hilfe, um die Japaner zu vertreiben. Diese zerbombten schließlich den Palast, der inzwischen wieder in neuer alter Schönheit seinen ca. 4 Quadratkilometer großen Platz einnimmt. Allerdings wurden vergoldetes Teak durch Beton, Holzschindeln durch Wellblech ersetzt. Und auch die vielen Spiegel im Glaspalast können nicht über ihre Herkunft aus dem Ende des 20. Jahrhunderts hinwegtäuschen. Einzig von den Bomben verschont blieben die Blumenhallen, in denen jeden Morgen die auf dem Markt erstandenen frischen Blumen für die Säle der Könige, Königinnen und Konkubinen arrangiert wurden, neben dem königlichen Schwimmbad, das sich allerdings in seinen Ausmaßen eher wie der Swimmingpool eines aufstrebenden Kleinbürgers ausnimmt. Einen guten Überblick über den von Mauer und Wassergraben umgebenen Palast bietet sein 24 Meter hoher Wachturm, wenn man die berechtigten Bedenken überwindet, dessen marode Stufen überhaupt zu betreten.

BUDDHA IN ALLEN LAGEN

Neben den Reliquien, die nicht immer offen zur Schau gestellt werden, bergen die Pagoden und Tempel natürlich vor allem Buddhafiguren unterschiedlichster Qualität. Aber auch das augenblickliche Aussehen lässt nicht immer auf die Qualität und das Alter des Kunstwerks schließen, denn häufig weicht das ästhetische Empfinden dem materiellen Bewusstsein und lässt ästhetisch feinsinnig gefertigte Statuen zu wahren Goldklumpen heranwachsen, die die wenig ästhetisch ansprechende chinesische Buddhavariation des Maytreia an Hässlichkeit bei weitem noch übertreffen. Und dort, wo Goldplättchen zum zeremoniellen Aufreiben auf die Figuren knapp werden oder die Bevölkerung noch ärmer ist als der Durchschnitt und sich diese Art der Opfer nicht leisten kann, werden die Figuren einfach mit Goldbronze oder gewöhnlichen Lacken in Bonbonfarben angemalt. Ein Sakrileg, wenn es sich um jahrhundertealte Buddhas handelt.

Ihre ästhetische Schönheit haben sich zum Glück die vier goldenen zehn Meter hohen Standfiguren des Ananda-Tempels von Bagan bewahrt. An jeder der vier Seiten empfangen sie den Besucher und laden ihn zum Meditieren ein. Je nach Blickwinkel verändern sie ihr Lächeln, das von oben auf dem Gläubigen ruht. Riesige dunkle Holzflügeltüren führen von ihren Kammern aus auf die schmalen Gänge des Tempels, in dessen weiß getünchten Wänden sich viele kleine Nischen mit ebenso kleinen sitzenden Buddhafiguren befinden.

Meist finden wir diese sitzende Variante. Unterscheiden können wir auch diese Buddhas wieder an ihrer Handhaltung. So kommt es auf die jeweilige Mudra an, ob gesegnet oder gelehrt, geschützt oder abgewehrt wird. 50 sitzende überlebensgroße Figuren finden wir z. B, wenn wir mit dem Pickup zum Mandalay-Hill hinauffahren. Nach solch einer halsbrecherischen Fahrt die engen Serpentinen hinauf, bei der wir uns hinten auf den Holzbrettsitzen der ursprünglichen Ladefläche eng aneinanderdrängen, eine Stange zum Festhalten dicht über dem Kopf, die das Blechdach trägt, erreichen wir glücklich diesen Zwischenstopp, ohne vom schmalen Weg abgekommen und den Abhang hinuntergestürzt zu sein. Nach einem Führerschein sollte man besser in Birma nicht fragen. Wie alles ist der ein Ding der Korruption in diesem Teil der Erde. Jedenfalls ist es nicht selten, dass der Fahrer nicht einmal lesen kann. Kompensiert wird dann diese kleine Schwäche mit einem draufgängerischen Fahrstil. In Europa würde so ein Fahrer gleich nach der ersten Fahrt im Gefängnis landen. Aber dies alles erleben wir nicht, wissen es nur - oben schließlich doch noch heil angekommen.

Im Gefängnis landen andere. Politische Gefangene z.B. wie die Mönche vom Aufstand 2007 oder Studenten und Intellektuelle der Opposition, denn die Spitzel lauern überall, ohne dass der unerfahrene Tourist sie bemerkt. Solange man Englisch spricht, sollte man demzufolge lieber allzu kritische politische Gespräche vermeiden, um den ca. noch 3000 politischen Oppositionellen nicht Gesellschaft leisten zu müssen, unter denen sich inzwischen auch wieder Aung San Su Yi befindet. Sie wurde erneut inhaftiert, weil sie ein journalistischer Hazardeur besuchte, der schwimmend durch den an ihr Grundstück grenzenden See in Yangon zu ihr gelangte. Dass sie unschuldig und unwissend war, interessiert das Regime nicht. Von oben mutet der Eingangsbereich des Gefängnisses, das sich in der Abendsonne golden spiegelt, wie ein riesiges Luxushotel an. Auf diesen verharmlosenden, harmonisierenden Schein legen sie auch Wert, die Militärs.

Sehen wir uns auf der Aussichtsplattform des Mandalay Hills um, die wir nach der Fahrt das letzte Stück auf einer langen Rolltreppe erklommen haben, so finden sich unter den von Pagodennischen gesäumten Umgängen viele Hochglanzfotos von Militärangehörigen in trauter Eintracht mit den Mönchen. Denn auch Mönche sind korrumpierbar. Hier ein Auto, dort die Möglichkeit, ein weitumspannendes Fernsehprogramm zu empfangen. Das macht so manchen Buddhaanhänger schwach, wenn auch nicht alle, wie wir den Beweis unten im Gefängnis haben. Die Rückfahrt verläuft dann weniger spektakulär, da zwei Autos vor uns unseren wagehalsigen Fahrer einfach ausbremsen.

Haben wir gerade noch 50 Buddhas zusammen mit einer Amerikanerin bestaunt, deren grell buntes Outfit in keinster Weise der Bonbonbemalung nachsteht, und erfolgreich um eine glückliche Rückfahrt gebeten, so gehen uns einige Tage später im Pindaya Cave auf dem Shan-Plateau nahezu die Augen über. In der riesigen Tropfsteinhöhle werden wir auf unserem Weg über die glasierten Fliesen von 8500 Buddhas in goldener Farbe nahezu erdrückt, angefangen vom kleinsten in einer Ausfertigung von ca. 5 Zentimeter bis hin zu meterhohen stehenden Figuren. In spärlicher Beleuchtung schlängeln wir uns barfuß über Treppenstufen zwischen ihnen hindurch, darauf achtend, möglichst dem nächsten Touristen den Fotoausschnitt nicht zu versperren. Denn hier ist ein Touristenknotenpunkt. Aber es sind weniger ausländische als einheimische Touristen, die das Wochenende zu einem Ausflug nutzen, auch sie die Digitalkamera dabei. Fotografieren ist kein

Problem, solange man ein Ticket dafür an den Eingangs-kassen kauft. Auch Mönche und Nonnen lassen sich lachend fotografieren. Im Gegenzug dafür werden dann besonders hellhäutige Europäer zum Gruppenbild mit den einheimischen Tagestouristen herangezogen. Ein schöner Brauch. Denn nun sind wir auch mal die Affen im Zoo.

Neben den abertausend stehenden und sitzenden gibt es natürlich auch die liegenden Figuren Buddhas, der in dieser Position ins Nirwana eingeht. Der künstlerisch nicht sonderlich bedeutende Buddha aus dem Anfang des 20. Jahrhunderts in Yangons Kyauk htat gyi-Pagode misst ganze 70 Meter und lächelt uns von seiner Seitenlage aus herunter an. Auf seinen zwei Meter hohen Fußsohlen finden sich die mit dem Buddhismus in Verbindung ste-henden Symbole, seien es nun der Berg Nehru oder die Tierkreiszeichen, deren Bedeutung auf einer gegen-überliegenden Tafel dem Besucher auf Englisch erläutert wird. Sind diese Buddhafiguren gerade aufgrund ihrer Bedeutung oder ihrer statischen Unbedenklichkeit so riesig, fragt man sich, an ihnen vorbeipatrouillierend.

Nicht ganz so gewaltig wie in Yangon, dafür in seiner Entstehungsgeschichte spektakulärer, ist der eingemauer-te Buddha in Bagans Manuha-Pagode. Mauern von Wand und Decke umschließen ihn ebenso eng wie seine sit-zenden Kollegen, so dass er sich auf seinem Lager kaum zur anderen Seite drehen kann und somit schon jahr-hundertelang den Anblick der vorbeischleichenden, ihn dabei berührenden Besucher in seinem engen Zellengang ertragen muss. Nur weil sein Erbauer, der Mon-König Manuha, an nicht unbegründeter Klaustrophobie litt, denn er wurde im 11. Jahrhundert nach der Plünderung seines Reiches aus seiner Hauptstadt Thaton zusammen mit Schatz, Schrift, Theravada-Buddhismus und 30.000 Mann-Elite hierher verschleppt. Allerdings war die Form der Einmauerung eine allgemeine Eigenart der Mon-Architektur, was den Zauber der Legende nicht zerstört. Handwerklich allerdings sind die etwas klobigen Figuren auch kein Meisterwerk, obwohl das Handwerk in Burma auch heute noch eine große Rolle spielt.

LONGHI UND MANDALAY SLIPPERS

So gibt es wenig Fabriken, aber viele kleine Manufakturen und Familienhandwerksbetriebe, in denen die berühmten Edelsteine geschliffen, die nicht weniger berühmten Cherooties gedreht, Döschen lackiert, Papier geschöpft, Marionetten geschnitzt, Eisenglöckchen gegossen, Buddhas aus Stein gemeißelt und Sonnenschirme bemalt werden. All dies findet sich auf den bunten Märkten und Ständen wieder, aber es wird dem Touristen auch während seines Besichtigungsprogramms in Auswahlstücken stundenlang von kleinen Mädchen feilgeboten, die sich lachend in der prallen Sonne vor dem Tempel an seine Fersen heften. Als Zugabe gibt's ein sanftes Lüftchen vom nach Sandelholz duftenden Fächer. Bleibt der potentielle Käufer standfest, verlässt die kleine Verkäuferin für die weiteren Stunden des Besichtigungsprogramms ihr Opfer, nicht ohne ihm eindringlich ihren Namen ins Gedächtnis zu skandieren: "My name is Win Win. I'm waiting for you. Don't forget: *Win Win!*" Und sie übersehen ihn nicht, die kleinen Mädchen, wenn er zurückkommt. Spätestens am Ende des Ausflugs ist der von Hitze und Besichtigungsprogramm völlig erschöpfte Tourist Besitzer von Steinketten, Döschen, Figürchen, Postkarten und einem Fächer, der nach Sonne, Sandelholz und Win Win duftet. Und die kleine Win Win ist neben ihren geschäftlichen Einnahmen oftmals stolze Besitzerin eines neuen Lippenstifts oder einer Probe Parfüms.

Viele dieser kleinen Handwerksbetriebe, aus denen Fächer wie der von Win Win stammen, finden sich in der Shan-

Ebene am Inle-See, der sich in 900 Metern Höhe trotz seiner geringen Tiefe von maximal 3 Metern über eine Fläche von 11 km Breite und 22 km Länge erstreckt. Hier verdienen sich die Frauen der Netzfischer einen Zuverdienst zum kargen Lebensunterhalt ihrer Männer, die ihr Ruder noch immer traditionell mit einem Fuß führen, wenn sie zu den Stellen hinausfahren, an denen sie ihre Korbnetze auswerfen. Neben der Seidenweberei findet sich hier auch die Verarbeitung von Lotosstängelfasern. Ein mühsames Geschäft, da aus jedem mit dem Messer in Stücke geschnittenen Stängel die Fasern mit der Hand gezogen werden müssen, um dann von einer der nächsten Frauen mit der Hand versponnen, mit Pinseln gefärbt und zu einem Stück Stoff verzaubert zu werden. Das geschieht an Webstühlen, die sich in keiner Weise von denen Europas im 19. Jahrhundert unterscheiden. Die Herstellung eines der teuren Stoffstücke: ein Unterfangen, das Monate in Anspruch nimmt. Wie ihre männlichen Kollegen in der Schmiede verdienen die Frauen dabei einen täglichen Lohn von 2 Dollar, wobei ein Quadratmeter ihres Produktes für 200 Dollar verkauft wird, meist an reiche, sprich mit der Regierung sich gut stellende Äbte. Zum Vergleich: Eine durchschnittlich gute Wohnung in Yangon kostet im Monat 50 Dollar Miete. Aber am Inle-See spielt sich das Leben in der Pfahlhütte ab und ohne eines der langgestreckten Boote sind die Intha an diese Hütte gebunden. Mit diesem Boot aber, das die Frauen ebenso geschickt mit dem Fuß rudern wie ihre Männer, gelangen sie nach der Arbeit zu ihren schwimmenden Gärten mitten im See. Nachdem sie das Bambustor zu ihrer Parzelle durchquert haben, können sie an ihren endlos langen, aber nur ein bis zwei Meter breiten Beeten vorbeitreibend vom Boot aus die saftigen, roten Tomaten ernten. Nicht selten gestalten ihnen dabei die sich an die Beete anschmiegenden duftenden Wasserhyazinthen die Arbeit etwas mühselig, während die pinkfarbenen großen Nacktschnecken dekorativ an denen emporglitschen.

IF YOU DON'T SPEAK ENGLISH, GIVE ME A SMILE!

Die Menschen sind arm, und sie sind aufgeschlossen und freundlich und viele sprechen Englisch, denn das Volk in den Städten möchte den Außenkontakt, gerade weil ihn die Junta behindert. Immerhin ist die Visumslänge vor einigen Jahren von acht Tagen auf vier Wochen verlängert worden. Aber Touristen gibt es wenig. Man boykottiert, doch wirklichen ausländischen Protest - abgesehen von ein paar spärlichen Artikeln in den Zeitungen - gibt es im Ausland keinen. Da ist die Beziehung zwischen Burma und China zu eng. So setzen sich die Besucher der vielen Kulturdenkmäler überwiegend aus einheimischen Tagestouristen zusammen. Hat mal dank eines unglücklichen Zufalls und der denkbar schlechten Straßenverhältnisse (man benötigt für 200 km acht Stunden) einer der seltenen Busse voller ausländischer Touristen auf der Landstraße eine Panne nach langer Fahrt durch Wasser und Sand über rumpelnde Holzbrücken hinweg, dann halten die einheimischen Lastwagen abrupt. Nicht jedoch um zu helfen, sondern um Touristen zu gucken. Albernd klettern die zehn bis zwanzig Fahrgäste in ihren bunten Longhis von der Ladefläche. Man lacht sich freundlich zu und dann ist der Laster auch schon wieder weg. Englisch sprechen sie nicht.

Im Gegensatz zu Yangon oder Mandalay. Hier waren die Engländer lange genug als Kolonialmacht ansässig, um auch noch Jahrzehnte später ihren Einfluss zu hinterlassen. Und englische Größen wie Orwell oder Somerset Maugham haben in Rangoon im guten alten Strand unterm Ventilator in der Bar ihren Whisky gekippt und über Burma geschrieben. Selbstverständlich sprechen auch die Taxifahrer in den Städten Englisch. So kann uns

146

nichts passieren, wenn wir auf unserem Entdeckungszug durch die Stadt vorsorglich auch noch die Visitenkarte des Hotels in birmanischen Schriftzügen bei uns tragen. Nur kommt das Erwachen dann doch, wenn wir wirklich zurück in unser Hotel fahren möchten. Der Taxifahrer spricht Englisch. Selbstverständlich. No problem. Aber er kann leider nicht lesen. Auch keinen Stadtplan. Doch keine Angst, irgendwie finden wir mit der Hilfe vieler netter Städter dann doch zurück zum Hotel.

Auf den Märkten des Shan-Plateaus wird dann wieder nur im Dialekt gesprochen. Hier hilft Zeichensprache weiter. Und Lächeln. Es ist nicht ganz so leicht, den auf dem Boden sitzenden Händlern ein Lächeln zu entlocken, wenn sie zwischen den zu Türmen geschichteten Tomaten und in runde Häufchen gelegten Betelnussblättern, zwischen ihren langen Fischen, die zum Glück, nicht wie in anderen südost-asiatischen Ländern, noch atmen, und dem von Fliegen umsurrten Fleisch in der Sonne die dicht gedrängte Käuferschlange beobachten, die sich an ihnen langsam vorbeischiebt. Aber beim dritten Anlauf entlockt man selbst ihnen ein breites gutmütiges Lächeln, auch ohne etwas gekauft zu haben.

Zuweilen ergibt sich diese lächelnde Übereinstimmung auch ganz spontan. Dann winkt eine alte Frau, die mit Sicherheit schon fünfzig Jahre an immer demselben Spinnrad sitzt, mich mit einladender Geste zu sich heran und bindet mir einen soeben gesponnenen Seidenfaden ums Handgelenk. Das kostbarste Armband, das ich je trug, denn es enthält magische Kräfte. Bis zu dem Zeitpunkt, da es von sich aus abfällt, wird ein geheimer Wunsch in Erfüllung gehen, eine Situation sich klären oder ich stehe ganz einfach nur unter dem Schutz der liebevollen Gedanken dieser alten Frau, mit der ich beim

Abschied noch einmal ein vertrauensvolles Lächeln tausche.

Burma gehört zu den ärmsten Ländern der Welt, trotz Edelsteinvorkommen und Erdgaserschließung. Doch diese kleinen Menschen in ihren Mandalay Slippers unter den bunten Longhis (kariert für die Männer, mit Blumenmustern für die Frauen) haben es weder verlernt, liebevoll zu lächeln noch ausgelassen herumzualbern. Dieses Lächeln konnten ihnen weder die Engländer noch die Japaner noch die Militärjunta aus ihren freundlichen Gesichtern vertreiben, die sie mit weißgelber Sandelholzpaste vor der Sonne schützen. Noch ist ihnen einiges erspart geblieben, denn die Militärjunta hat eine derartige Perfidie im Ausmaß wie die der menschenverachtenden roten Khmer im Nachbarland Cambodia zum Glück nicht an den Tag gelegt, noch nicht.

Und wir können nur hoffen, dass es auch so bleiben möge. Noch vergisst man zuweilen die Bespitzelungen der Denunzianten und das Unterdrucksetzen durch die Offiziere. Noch spielen die Kinder so ausgelassen und selbstversunken wie ein kleiner weißer Hund in der Provinzstadt Pindaya, der immer und immer wieder eine Böschung hinauftollt, um mit sichtlichem Vergnügen auf seinem Hinterteil hinunterzurutschen.

MINGALABAR! GUTEN TAG, NEUES JAHR!

Noch tollen auch zu buddhistisch Neujahr in der heißesten Jahreszeit die Menschen ausgelassen auf den Straßen herum und bespritzen sich mit Wasser. Auf dem Lande planschen die Kinder im Fluss und lassen keines der vorüberfahrenden Boote vorbei, ohne ihnen lachend eine Ladung Wasser übergeschüttet zu haben. Noch häufen sich die Gruppen junger Leute an den Straßenkreuzungen mit Eimern und Schüsseln bewaffnet, um die an den Ampeln stoppenden Autos mit Wasser zu begießen. Kleider und Haare der zehn oder zwölf Fahrgäste auf den überqillenden Pickups triefen vor Nässe samt ihrer wertlosen unter ihren Longhis verwahrten schmutzigen Geldscheine. Und die Menschen lachen. Auch wenn sie die eigens dafür abgesperrten Fahrbahnen im Pulk zu Fuß an den Tribünen passieren, lachen sie, oder wenn ihnen zu Popmusik von oben aus hundert Schläuchen das Wasser des nahe gelegenen Kanals entgegenrauscht. Sauberer werden sie allerdings dadurch nicht, obwohl die Grundidee natürlich ist, das neue Jahr im buddhistischen Kalender frisch gewaschen zu beginnen. Ein Lachen begleitet uns, auch wenn alle wissen, dass während der drei Tage des Wasserfestes jedes Jahr über 30 Menschen bei den Massenveranstaltungen im Pulk überrannt werden und sterben (in Thailand ist es die zehnfache Zahl). Wir wollen hoffen, dass sich die Zahl der Toten nicht vergrößern wird, die Gefangenen amnestiert werden und die Wahlen vielleicht doch einen Umschwung bringen, damit wir auch in Zukunft vom Lachen der Menschen und ihrer freundlichen Sanftmut verzaubert werden.

ALLEIN, ABER NICHT EINSAM
AUF DEN GALAPAGOS-INSELN

Willkommen im letzten Paradies mit zivilisatorischem Komfort! Die Reise dorthin ist allerdings etwas umständlich: Flug bis Madrid – Langstrecke bis Quito – Flug bis Santa Cruz – Bustransfer zur Fähre – Fähre nach Santa Cruz – Taxi bis Puerto Ayora. Für mich war sie sogar noch komplizierter, weil ich zuvor Argentinien und Chile kennenlernen wollte. Und sie ist auch etwas aufregender, da sie mit meinem bayerischen Freund in Deutschland geplant, bis Buenos Aires zusammen durchgeführt und dann unvorhergesehen ab dort allein fortgesetzt werden musste. Die Strecke durch Argentinien und Chile machte mir dabei wenig Kopfzerbrechen, da ich mich wohlbehütet inmitten einer netten Studiosusgruppe aus Schweizern und Deutschen fand. Das Danach versank allerdings zunächst einmal in beängstigender Ungewissheit, was sich bereits zeigte, als ich nach Mitternacht in Guayaquil landete. Doch wo war der vorausgebuchte Transfer zum Hotel? Die Stadt gilt nicht als sonderlich sicher, angeblich sogar als die Stadt in Ecuador mit den meisten Verbrechen. Todesmutig stieg ich in ein Taxi. Hatte geklappt. Ohne Raub und Mord. Es wurde eine kurze Nacht bis zum Weiterflug. Mit gemischten Gefühlen sah ich den nächsten zwei Wochen entgegen. Allein – und das auf einer Insel!

Doch mich erwartet ein Paradies mitten im Pazifischen Ozean direkt am Äquator. Das magische Galapagos mit seinen 13 Hauptinseln, von denen nur 5 bewohnt sind, und seinen 6 kleinen sowie unzähligen weiteren Inselchen. Auch bin ich keinen einzigen Tag allein, denn schon am ehemaligen amerikanischen Flughafenstützpunkt Baltra werde ich abgeholt.

Carlos ist allerdings keinesfalls meine erste Wahrnehmmung, nachdem ich mein Eintrittsbillett von 120 Dollar für die Inseln gelöhnt habe. Das Erste sind vielmehr einige Schäferhunde, die das Gepäck wohl nach Drogen abschnüffeln sollen, aber zunächst in ihren höhlenartigen Wandnischen, in denen sie sich kaum umdrehen können, ihr Dasein fristen. Irgendwie passt das nun gerade nicht zur Vorstellung von der freien unberührbaren Fauna, für die die Inseln berühmt sind. Doch erfahre ich später, dass Hunde überhaupt nicht beliebt sind im Gegensatz zu anderen südamerikanischen Ländern, denn nicht endemisch, befürchtet man, dass sie die einheimischen Tiere jagen. Sie sind genauso unbeliebt wie Ziegen, die den Schildkröten das Gras wegfressen, und die von den Piraten einstmals eingeschleppten Ratten, die den Vögeln ihre Eier stehlen. Denen geht es sogar noch schlechter als den Hunden, wovon ich mich auf einer der Inseln später überzeugen kann, denn dort stehen reihenweise Rattenfallen herum, um die gefangenen Tiere anschließend zu vergiften. Das schmerzt mich natürlich als passionierte Rattenliebhaberin besonders. Die einzigen nicht endemischen Tiere, die besser angesehen werden, sind Kühe. Sie geben schließlich Milch und Fleisch, was ihre Vorrangstellung begründet. Ansonsten muss nämlich alles außer Fisch, Bananen und Mais über den 1000 Kilometer langen Seeweg eingeführt werden. Kein Wunder, dass die Preise horrende sind.

Am Flughafen steht also schon mein Fahrer Carlos bereit und nimmt mir den Koffer ab. Los geht eine kurze Fahrt mit dem Transferbus bis zur Fähre nach Santa Cruz. Ich bin verwundert über die Mondlandschaft: Felsgestein und lauter graue abgestorbene Bäume. Noch verwunderter bin ich dann, als Carlos mich aufklärt, dass diese vermeintlich toten Palo-Santo-Bäume im Sommer viele grüne Blätter tragen. Ummantelt von einer mir viel zu großen blauen

Schwimmweste besteige ich mit ihm die Fähre, um schon 10 Minuten später auf Santa Cruz zu landen. Hier wartet bereits auf uns das Taxi von Carlos. Diese weißen Personenbeförderungsmittel sind auf der Insel neben einer Buslinie sowie einigen Lieferautos und Motorrädern fast die einzigen Fortbewegungsmittel. Allenfalls vereinzelt sieht man hin und wieder einmal ein kleines privates Elektroauto. Ein Beispiel dafür, mit Ressourcen sparsam umzugehen und fossile Brennstoffe, soweit es geht, zu vermeiden. Meine Vorstellung, ein Auto auf der Insel mieten zu können, wofür ich mir extra einen internationalen Führerschein zugelegt habe, kann ich begraben. Es gibt keine Mietwagen.

Wir fahren gut 50 Kilometer über eine fast durchgehend gerade Asphaltstraße, die die Insel in ihrer Länge bis nach Puerto Ayora, meinem Ziel, durchzieht. Dabei durchqueren wir alle drei Landschaftstypen, die die Galapagos-Inseln bieten. Ähneln sie zu Anfang noch den grauen mit laublosen Bäumen durchzogenen Trockengebieten Baltras, dann gelangen wir bald schon ins feucht-kühle Hochland mit seiner Tropenvegetation. Wir haben Glück, dass es diesmal nicht regnet - und nicht einmal nieselt. Rechts und links der Straße ziehen an uns Bananenplantagen und Scalesienbäume vorbei. Ab und zu einmal eine Farm. Doch das Verhältnis zwischen Landwirtschaft und Naturschutz ist auf den Inseln nicht unproblematisch. Da treffen gegensätzliche Interessen schroff aufeinander. Nach einiger Zeit landen wir in den Trockengebieten vor Puerto Ayora, der größten Stadt mit einer Einwohnerzahl von immerhin 18.000. An Kakteen vorbei nähert sie sich mit ihren Felsen und Mangrovensträndern. War es eben noch kühl, so strahlt hier schon wieder die Sonne vom blauen Himmel herab bei milden frühsommerlichen Temperaturen, die das gesamte Jahr über nicht allzu gravierend voneinander abweichen.

Puerto Ayora! Mich trifft der Schlag. Um Gottes Willen! Wo bin ich gelandet? Eine Baustelle neben der anderen. Aufgerissene Straßen. Müll. Und das volle zwei Wochen? Viele Touristen nutzen das Städtchen als Basis für ihre Ausflüge. Die meisten von ihnen bleiben allerdings höchstens drei Tage, wenn sie nicht ohnehin eine Schiffsreise gebucht haben und für einen Landausflug von nur drei Stunden ihren Fuß auf die Insel setzen.

Na, zunächst einmal lande ich in meiner gebuchten Drei-Zimmer-Wohnung. Und die ist wirklich umwerfend schön. Doch was ist das? Ich fass es nicht! Presslufthammer-geräusche! Meine Vermieter bauen einen Swimmingpool! Wie schön für die kommenden Gäste. Also darauf erst mal einen Schluck Wasser aus dem blauen 20-Liter-Plastik-kanister, der in der Küchenzeile steht. Da die Insel an Wassermangel leidet, denn die Quellen sind meist versiegt, das Grundwasser nahe der Küste verschmutzt, ist das Trinkwasser hier wiederaufbereitet. Zunächst etwas skeptisch, gewöhne ich mich daran. Das trinkt schließlich jeder und es ist wohl noch niemand daran gestorben. Auch hat mir Donna Kaffeepulver hingestellt. Sie ist überhaupt von einer umwerfenden Gastfreundschaft, die später nur noch Josseline toppt, die das Hotel besitzt, das ich für die zweite Woche gebucht habe. Beide Frauen sind zu jeder Zeit für mich da, helfen mir nicht nur bei allen möglichen Problemen, sondern haben auch immer Zeit, sich mit mir ein wenig zu unterhalten. Und selbst das Zimmermädchen bei Donna ist immer für einen Schwatz zu haben, wohlgemerkt auf Spanisch, während natürlich die allgemeine Umgangssprache mit Touristen wie überall auf der Welt Englisch ist. Für Donna ohnehin kein Problem, denn sie ist Amerikanerin, wie in Puerto Ayora überhaupt zahlreiche Amerikaner Häuser besitzen. Amerikaner sind auch die häufigsten Auslandstouristen auf den Inseln.

Nachdem ich meine Klamotten der letzten Wochen zum Waschen ins Badezimmer geworfen, die Bettdecken von den hübschen pinkfarbenen Willkommensblüten befreit und mich häuslich eingerichtet habe, steige ich zunächst einmal die Treppen nach oben auf die riesige Terrasse mit ihren vielen Tischen und Stühlen und blicke auf die kleine Stadt unter mir. Überall auch wieder niedrige Häuser und Baustellen. Und ganz ganz weit hinten das Meer. Wenn ich mich setze, habe ich sogar den Katalogblick, da die Terrassenbrüstung die Baustellen verdeckt. Im nachmittäglichen Sonnenschein wiege ich mich auf der Hollywoodschaukel in den Ruhemodus und gehe in mich: Entweder werde ich hier verrückt oder ich muss dieses Städtchen lieben.

Am nächsten Morgen habe ich mich entschieden: Ich werde Puerto Ayora lieben!

Zunächst einmal muss ich etwas zum Essen kaufen. Dazu bieten sich die kleinen Tante-Emma-Läden in der nahe gelegenen Avenida Baltra an. Die Auswahl in diesen Lädchen ist nicht sonderlich groß: neben allerlei Waschmitteln zwei Sorten Käse, eine Sorte Wurst, eine Sorte Kochschinken. Man fühlt sich irgendwie an die DDR erinnert. Aber all das dürfte ja auch reichen. Und teuer ist es ohnedies. Für eine Packung Toastbrot, je ein kleines Päckchen Käse und Schinken, eine kleine Packung Müsli und einen Liter Milch lege ich etwas über 21 US-Dollar hin, die Währung, die seit dem Jahr 2000 nicht nur für Touristen in Ecuador existiert. Das ist verdammt teuer, aber es muss ja auch fast alles einmal pro Woche 1000 km vom Festland auf dem Wasserweg hierher transportiert werden.

Etwas besser sortiert ist der Supermarkt am Hafen, den ich in den nächsten Tagen kennenlerne. Doch eine echte Auswahl gibt es dort auch nur an Getränken und Sonnenschutzmitteln. Und selbst da kommt es darauf an, wann das Schiff angelegt hat. Bald schon wird mir klar, dass man hier notgedrungen sehr viel bescheidener lebt und es selbstverständlich auch kann. Das Tolle an dem Supermarkt ist allerdings sein Café im ersten Stock. Von dessen Balkon aus, den ich nahezu täglich aufsuche, hat man einen fantastischen Blick auf den Hafen. Und immer habe ich einen der Darwinfinken, von denen es 13 Arten auf den Inseln gibt, zu Gast, mit dem ich mir mein Croissant teile. Auf den dazu gehörenden Kakao ist er allerdings nicht erpicht.

An meinem ersten Tag lass ich mich durch den Ort treiben und lege dabei erhebliche Umwege zurück. Natürlich habe ich einen Stadtplan bei mir. Nur nützt er mir wenig und verwirrt mehr. Wenn ich Passanten nach dem Weg frage, scheint mir, dass ihnen die Straßennamen völlig unbekannt sind. Alle beschreiben mir den Weg prinzipiell in Blocks. Also zur Post zwei Bocks geradeaus, dann rechts abbiegen und einen Block weiter, danach links und zwei weitere Blocks. Ein Wunder, dass ich die Post finde, denn außer mir findet sie vermutlich kaum ein anderer Tourist. Sie liegt nämlich abseits in einem unauffälligen Wohnhaus ohne deutliche Kennzeichnung und besteht lediglich aus einem kleinen Büro, in dem auch Briefmarken mit wunderschönen Tierbildern verkauft werden. Durch zahlreiche Gassen stolpere ich zurück zu meiner Wohnung, akribisch auf die unregelmäßig vorhandenen äußerst schmalen Gehsteige unter meinen Füßen achtend. Ich möchte mir keinesfalls in den zahlreichen Löchern die Füße brechen. So gelange ich schließlich an regelmäßig die Gassen unterbrechenden Straßenbaustellen vorbei zurück zu meinem Domizil, wo mich diesmal das Zimmermädchen zu einem Plausch erwartet. Ich teile mit ihr meinen Toast, den sie sehr zu lieben scheint. Ebenso wie meine Kekse. Und danach habe ich große Wäsche.

Mein Spazierweg am folgenden Tag gilt der Avenida Charles Darwin, die sich an der Küste entlang schlängelt. Im Gegensatz zur eher dem täglichen Einkauf der Einwohner dienenden Via Baltra steppt hier der Bär, so wie an nahezu allen Küstenstraßen auf der Welt. Da gibt es keinen Unterschied zum Mittelmeer. Ein Souvenirshop wechselt sich ab mit dem anderen, dazwischen Unmengen an kleinen Reisebüros, die die Ausflugsfahren mit dem Cruiser zu horrenden Preisen vermitteln (250 bis 300 Dollar und mehr für einen Tagesbesuch auf eine der Inseln). Ich buche hier nicht, da das Donnas Mann für mich netterweise erledigt. Die Schiffe sind sehr unterschiedlich, wie ich erfahren werde, obwohl die Preise kaum voneinander abweichen. Dazwischen finden sich an der Avenida dann die Hotels der teuren Kategorie.

Vom Hafen aus schlage ich die Richtung zum Charles Darwin Research Center ein. Aber zunächst einmal erfreue ich mich an den zahlreichen großen und kleinen Schiffen. Im Hintergrund finden sich die weißen Kreuzfahrtschiffe auf dem strahlend blauen Meer, in der Nähe die kleineren Boote der Fischer. Auch meine ersten Tiere bekomme ich zu Gesicht. Am schwarzen Lavaklippenstrand streitet sich ein Seelöwe mit einem Pelikan und zahlreichen Möwen um einen von den Fischern ihm zugeworfenen großen Brocken. Einen Silberreiher, der sich unweit im glasklaren Wasser die Beine kühlt, lässt das allerdings unberührt. Mit solchen Prolls lässt der sich nicht ein. Und ebenso interessiert sich auch das rote Klippenkrabbenvolk, das man überall an der Küste findet, nicht dafür, obwohl seine Vertreter innerhalb von Minuten aus der Haut fahren können. Die Jungtiere besitzen noch keinen dieser leuchtend roten Panzer, sondern passen sich in schwarz den Lavasteinen an, was die Natur sehr sinnvoll eingerichtet hat. Alle endemischen Tiere stehen ebenso wie die Pflanzen unter einem strengen Schutz auf den Inseln.

159

Und so ist es nicht verwunderlich, dass die moderne Kirche am Hafenplatz dem Heiligen Franziskus geweiht ist. Kurioserweise hängt über dem Altar an Stelle der üblichen Taube des Heiligen Geistes ein buntes Glasfensterbild von einem Pelikan. Aber dass die Tiere innerhalb der Kirchensymbolik austauschbar sind, ist für mich auch nichts Neues. In Cusco speist Christus z.B. mit seinen Jüngern ein Meerschweinchen. Doch das nur nebenbei.

Nach dem Verlassen der Kirche führt mein Weg am Sportplatz vorbei die Charles Darwin entlang bis zu einem recht desolaten betonierten Platz mit Blick aufs Meer. Hier sonnen sich perfekt getarnt die kleinen schwarz-grauen Meerechsen. Da sie sich ständig häuten, sehen sie wie räudige Katzen aus, total gefleckt und vom Betonboden kaum zu unterscheiden. Faul liegen sie aneinander geschmiegt auf dem heißen Pflaster, um nach einem längeren Aufenthalt im Wasser ihren Temperaturhaushalt zu regulieren. Im Wasser können sie im Übrigen ihren Herzschlag von 40 pro Minute auf 20 verringern.

Nicht weit entfernt findet sich ein kleiner Mangrovenplatz, der über einen Holzsteg zu erreichen ist und dessen Zugang von einem faulen Landleguan bewacht wird. Selten hebt er seinen Kopf und spuckt nur, wenn er sich bedroht fühlt. Das passiert mir allerdings bei keinem der Tiere. Vielleicht halte ich immer genügend Abstand oder sie wissen einfach, dass ich gut Freund bin. Von den Bäumen schauen braune Pelikane auf Meerechsen herunter, die sich auf den Steinen sonnen. Und auf Augenhöhe führe ich meinen täglichen Plausch mit einem Graureiher. Oftmals bitte ich ihn um eine fotogene Pose, aber da scheint er offensichtlich taub zu sein. Unten im schattigen Wasser tummeln sich Seelöwen in diesem ihren Rückzugsort, wenn ihnen am nebenan liegenden Fischstand der Trubel doch einmal zu viel wird.

Denn der Fischstand mit seinen Seelöwen ist nicht nur mein Lieblingsplatz in Puerto Ayora, sondern auch der nahezu aller Touristen. Oft liegen die Tiere faul auf den azurblau gestrichenen Betonbänken herum, werden jedoch sofort munter, wenn übriggebliebene Fischstücke warten. Dann rücken sie den Fischhändlern kaum vom Leib, sitzen wie brave Hunde ganz dicht neben ihnen, immer auf der Lauer, etwas zugeworfen zu bekommen. Selbst wenn sie noch so zahm wirken, so ist es doch aus mit jeder Freundschaft, wenn es ums Futter geht. Dann jagen sie den jeweils schwächeren Gefährten, mit dem sie gerade noch in der Sonne gekuschelt haben, brüllend vom Hof. Natürlich sind sie nicht die einzigen, die hier auf einen Bissen warten. Platzhirsch ist vielmehr ein Kuhreiher auf der Theke, der stundenlang dem Fischhändler über die Schulter schaut, während der die leuchtend roten Skorpionfische für den Verkauf zerteilt. Dann werden nicht nur Möwen weggejagt, sondern auch die am Boden wartenden Pelikane, Echsen und Leguane. Ein Stunden währendes Spektakel für Touristen und Einheimische.

Noch bevor diese eintreffen, landen in der Morgendämmerung die Fischer mit ihren kleinen Booten am Steg und liefern ihre frisch gefangene Ware ab. Zu dieser Stunde döst zwar noch der Pelikan auf der Dachstange des Standes, doch es fliegen schon Dutzende von Fregattvögeln und Möwen erwartungsvoll durch die Gegend. Gefangen wurden nicht nur die roten Fische, sondern auch große bunte Hummer, die sich anschließend in Kisten eng übereinander drängeln. Das verleitet später zwei asiatische Mädchen dazu, sich einen von ihnen aus den Kisten zu angeln, um ein Selfie von sich zu schießen. Und noch ein Selfie, und noch eins. Welch` Heldenmut! Als sie sich schließlich auch noch dicht neben einen Seelöwen setzen, reißt mir die Geduld und ich blicke sie finster an, so dass man mir spätestens jetzt meinen Lehrmeisterberuf anmerkt. Bei Tieren kenne ich nämlich keine Gnade. Offensichtlich haben die Teenis die Regeln der Inseln nicht mitbekommen, die es verbieten, Tiere zu berühren. Selbst Selfies mit den Tieren der Inseln sind verboten, um deren Würde zu wahren. Das Internet zeigt allerdings leider Anderes.

Nach dem Ausladen ihres Fangs sind die Fischer meist für ein ausgedehntes Schwätzchen mit dem Händlerpaar zu haben. Das Zeitgefühl ist hier ganz offensichtlich ein anderes. Und die Abnahme ihrer Ware ist ihnen schließlich gewiss, da Großfischerei verboten ist, was jedoch keinen Eindruck auf die Chinesen macht. Die haben inzwischen auf dem Meer kurz vor der Grenze zu Ecuador ihre Standorte mit großen Schiffen bezogen, die gewaltigen Fischfabriken gleichen und ihren Fang bereits auf dem Meer weiterverarbeiten. Was nützt es, wenn der böse Nachbar sich nicht an die sinnvollen Naturschutzregeln hält. Also ist es mit dem Paradies leider doch nicht ganz so weit her. Was es vermutlich auch noch nie war.

Hinter dem Fischplatz biege ich nach links ab und gelange umgeben von einem etwas penetranten Fischgeruch, der von meinen auf dem Boden schleifenden Hosenbeinen aufsteigt, zu Josseline, meinem zweiten Quartier in Puerto Ayora, einem Ökohotel. Dass es besser gelegen ist, macht das klitzekleine Zimmer wett. Auch trete ich aus dem Zimmerchen direkt auf eine Veranda hinaus, auf der schon der immer für mich reservierte Tisch wartet. Ein damit verbundener Vorteil ist es zudem, dass ich keine zwei Schritte zum Frühstücksbuffet brauche. Und ist das Frühstück beendet, gehört die Terrasse mir. Dort kann ich ungestört schreiben und lesen, ab und zu unterbrochen von Josseline, die mir oftmals Kaffee und Kuchen bringt und immer zu einem Schwatz bereit ist. Es ist eine traumhafte Gastfreundschaft, die ich total genieße. Die

Insulaner sind weniger gestresst und vielleicht genau deshalb auch mit weniger zufrieden. Da es gerade warmes Wasser gibt, lässt sich auch der Fischgeruch meiner Jeans schnell beseitigen. Die Wassertanks sind natürlich solarbetrieben. Alles öko! Fridays for Future erübrigen sich hier.

Der erste geplante Ausflug am Ort führt mich hinter dem Hafen zur Tortugua Bay. Nach einem halbstündigen Weg durch ein Wohngebiet der besser Verdienenden mit vielen blühenden Büschen gelange ich zu einem Gelände, das der Natur gleicht, so wie man sie wohl bis ins 19. Jahrhundert vorgefunden haben muss. Der reinste Urwald. Ohne Machete undurchdringbar.

Nachdem 1535 der Bischof von Panama auf seinem Weg nach Peru die Inseln eher zufällig entdeckt hatte, erschienen sie unter der Bezeichnung Schildkröteninseln zum ersten Mal 1570 auf einer Weltkarte. Im 18. Jahrhundert erkoren sich Walfänger und Seeräuber die Inseln als Stützpunkt aus und 1832 kamen dann die ersten wenigen Siedler aus Ecuador. 1835 bis 1859 nutzte man die Inseln, besonders Isabela, als Strafkolonie. Die Kriminalstory der Aussteigerpaare aus Europa auf Floreana in den 1930ern lasse ich einmal aus. Darüber haben die Beteiligten selbst ihre jeweiligen Sichtweisen in Büchern verfasst. Nur soviel, dass der Tod der sich den beiden Familien hinzugesellenden Gräfin nebst Liebhabern nie aufgeklärt wurde. Aber eines ist wegen seiner Kuriosität doch noch erwähnenswert. Das Ehepaar Ritter hatte sich vor seiner Auswanderung alle Zähne ziehen lassen. Eine kluge Entscheidung, wenn man sich für ungewisse Zeiten in ein Gebiet fern jeglicher Zivilisation begibt. Weniger klug war es vielleicht, dass sie nur ein Gebiss für sie beide zusammen mitgenommen hatten. 1959 wurde das Gebiet schließlich, in das seit den 60ern immer mehr Touristen strömen, zum Naturschutzgebiet erklärt.

Auf den 2,5 Kilometern bis zum Strand sieht es noch so urwüchsig aus wie 100 Jahre zuvor. Zum Glück führt ein gepflasterter Weg hinunter zum Wasser. An dessen Anfang muss ich mich an einem kleinen Holzhäuschen in eine Liste ein-, doch auf dem Rückweg merkwürdigerweise nicht wieder austragen. Durch ein Gebiet zwischen Baumkakteen und Opuntien mit großen gelben Blüten, noch kahlen Palo-Santo-Bäumen und gelben Cordien gelange ich hinunter zum Strand, der sich durch seinen Flachwuchs auszeichnet. Schon gut 50 Meter zuvor spüre ich den Wind und höre das Meer. Doch zuvor faszinieren mich vor allem die meterhohen Baumkakteen, besonders, wenn ihre Stachelhaut an zahlreichen Stellen abgewetzt ist und darunter eine lederartige, braun glänzende Fläche hervortritt, deren Zeichnung an Gesichter erinnert. Es kommt zur wahren Foto-Orgie, an der auch Lavaechsen und Finken teilnehmen. Während die Echsen geduldig posieren, sind die Vögel die reinsten Hektiker und nur schwer auf ein Foto zu bannen.

Am wundervollen weißen Sandstrand angekommen, muss ich mich leider dafür entscheiden, nicht noch ein paar weitere Kilometer zu laufen, um Flamingos und Schildkröten zu besuchen. Meine Rückenbeschwerden hindern mich daran, obwohl ich sie jeden Tag mit Tabletten besteche. Also begnüge ich mich damit, mit den nackten Füßen ein bisschen im Wasser hin und her zu laufen und den Sand aufzuwühlen, um danach vollauf zufrieden den Heimweg anzutreten.

Im Gegensatz zu den meisten Touristen galt also mein erster Ortsausflug nicht der Darwin Research Station. Ich habe schließlich Zeit und statte dafür diesem wichtigen Standort gleich an zwei Tagen einen Besuch ab. Auf dem langen Zugangsweg kommen mir noch nicht die erwarteten Riesenschildkröten entgegen, sondern faule Landleguane padden hier herum und wärmen sich ihren Bauch auf dem warmen Pflaster. Von niemandem lassen sie sich stören. Die vereinzelten Besucher sind ihnen nicht einmal ein Blinzeln wert. Trotzdem halte ich Abstand, da ich ja weiß, dass sie spucken können.

Noch am Weg erblicke ich eine Plastik, die zahlreiche Fische im Meer darstellt und aus Plastikmüll besteht. Daneben Schilder, die die Besucher darüber aufklären, wie das Meer vermüllt wird, und vor allem, wie sich Plastikmüll vermeiden lässt. Das ist nicht nur pädagogisches Geschwätz, im Gegenteil: Auf den Inseln richtet man sich längst danach. So werden meine in den Shops gekauften Souvenirs in Tüten verpackt, die aus Seiten von Illustrierten zusammengeklebt wurden. Back to the roots. Und auch hier wieder ohne Fridays for Future.

Nach ca. 300 Metern gelange ich endlich in urwaldartiger Umgebung, wie ich sie schon von der Tortugua Bay kenne, zu den Riesenschildkröten in ihren Gehegen. Neben den Wasserschildkröten gibt es grundsätzlich zwei Arten: die Sattelpanzerschildkröten mit einer Panzerausbuchtung, die es ihren langen Hälsen ermöglicht, an hoch gelegene Nahrung heran zu gelangen, und die Topfpanzerschildkröten, die sich von niedrigen Pflanzen ernähren können. Außerdem erfahre ich, dass die Arten von Insel zu Insel verschieden sind, was ich zwar zur Kenntnis nehme, ohne allerdings die Unterschiede im Geringsten bemerken zu können. Ich muss zugeben, dass ich mich auch gar nicht bemüht habe.

Mein Weg führt mich zum Babygehege. Die Station sammelt auf den Inseln Tausende Eier auf und brütet sie hier aus. Die Kleinen wachsen geschützt in einem Gehege auf, da ihre Panzer fast bis ins dritte Jahr hinein sehr weich bleiben. Nach vier Jahren werden sie dann wieder auf ihren Inseln ausgesetzt. Die Wissenschaftler nehmen an, dass die Tiere vor 300 Millionen Jahren bereits die Inseln besiedelt hatten und ungestört ihr hohes Alter genießen konnten, bis um 1700 Piraten und Walfänger kamen, denen sie als Frischfleisch auf den Schiffen dienten, denn die Tiere kommen sehr lange ohne Nahrung aus. Zudem gewannen die Seeleute aus ihnen auch das benötigte Lampenöl. Man weiß jedoch, dass es zu Darwins Zeit ein Exemplar im Alter von 175 Jahren gab. Ein nicht ganz so altes schaue ich mir in einem extra dafür errichteten Gebäude an: den 2012 im Alter von ca. 100 Jahren gestorbenen Lonesome George. Er wird in einem riesigen Panorama hinter Glas präsentiert, was mich verdammt an den Schneewitchensarg von Mao erinnert. Bevor ich in den kleinen temperierten Raum hinein darf, muss ich mich zunächst einmal für zwei Minuten in einer Kältekammer aufhalten, in der meine Temperatur `runtergekühlt wird. Draußen ist es zwar nicht sonderlich heiß, aber der präparierte Lonesome George muss natürlich geschützt werden.

Bevor ich meinen Weg durch das Center fortsetze, machen wir, ich und die lästigen Fliegen, die die Einwanderer und Touristen in ihren Koffern eingeschleppt haben, noch einen kurzen Abstecher zum Wasser, wo sich die knallroten Klippenkrabben auf schwarzer Lava sonnen. Super fotogen! Obwohl ich gar nicht getrödelt habe, hat sich der Strand inzwischen mit Wasser gefüllt, so dass meine Strümpfe auf dem Rückweg pitschnass werden. Egal. Dafür ist die Fotoausbeute toll. Bei der Darwinstatue, die mich auf einer Bank erwartet, spreche ich anschließend eben barfuß vor.

Der Wissenschaftler ruht sich hier nach seiner ihm höchst unangenehmen Seereise mit der Beagle aus. Permanent seekrank, hasste er das Meer. Ziel war es damals, von

1831 bis 1836 die Küste Südamerikas zu vermessen. Auf vier der größeren Galapagos-Inseln verblieb der Zweiundzwanzigjährige nur 5 Wochen. Manche biografischen Hinweise sprechen sogar nur von 19 Tagen, in denen er vor allem an geologischen Proben interessiert war. Im Mittelpunkt seiner Evolutionstheorie standen auch nicht die berühmten endemischen Darwinfinken, sondern vielmehr Tauben und Hunde. Und selbst als Vater der Evolution kann er nicht als einziger benannt werden, denn zur gleichen Zeit sinnierte sein Freund Alfred Russel Wallace in Malaysia ebenfalls darüber nach und hatte seine Entdeckung – vielleicht unvorsichtigerweise - Darwin schriftlich mitgeteilt. Jedenfalls lag die Evolution förmlich in der Luft. Auch für den Tierschutz lässt sich der einem Feinschmeckerclub angehörende Darwin nicht heranziehen. Dort verspeiste er unter anderem Eulen und auf den Inseln selbstverständlich Schildkrötenfleisch. Zudem schien er Gefallen daran zu finden, auf diesen großen Tieren zu reiten. Das ist heute in keinster Weise mehr vorstellbar. Und auch mir ist es inzwischen peinlich, dass ich in meiner Kindheit gern Schildkrötensuppe gegessen hatte.

Zum Ende meines Spazierganges durch die Station statte ich noch dem sehr guten Informationszentrum einen Besuch ab, und dann geht es wieder in Richtung Hotel zu Josseline.

Allerdings liegen auf meinem Wege noch zwei weitere höchst interessante Stationen: neben dem Friedhof ein ihm gegenüberliegender kleiner schattiger Hof mit kunterbunten Keramikfliesen. Es ist zwar nicht der Park Güell, aber die vielen in die Mauer eingelassenen Scherben sind witzig. Neben unzähligen Tannenbäumen auf zerbrochenen Weihnachtstellern und -tassen die Kachel einer erbosten Frau, die ihrem Gatten gegenüber das Nudelholz schwingt, oder die Darstellung einer blauen Maus. Und selbstverständlich finden sich auch in allen möglichen Variationen Dutzende der Lieblinge aller Besucher: die Blue footed Boobys. Nachdem ich noch die bunten Miniaturtürmchen aus Scherben zur Kenntnis genommen habe, überquere ich die Straße und gelange hinüber zum kleinen Friedhof von Puerto Ayora.

Schon durch die ihn abgrenzenden Mauerausparungen blicke ich auf die ohne Ausnahme weiß getünchten oder gekachelten Gräber, was mir deutlich vor Augen führt, wie eng doch Leben und Tod miteinander verknüpft sind. Die nüchternen Betongrabstellen liegen dicht aneinander gequetscht, so dass ich mich auf meinem Weg zwischen ihnen hindurchschlängeln muss. Im Kontrast zum grellen Weiß finden sich auf ihnen Sträuße bunter Plastikblumen, mal auch ein ausgestopfter Hahn, auf den sehr viel kleineren der Kinder buntes Spielzeug: eine Puppe, ein rotes Plastikauto. Auffällig ist das junge Alter einiger Toter, von denen verblichene Bilder zeugen. Abgelenkt werde ich von einigen Lavaechsen, die mir auf dem ohnehin schon engen Pfad den Weg versperren. Ich wusste vorher nicht, dass sie nur einmal im Leben ihren Schwanz verlieren können. Selbst wenn es sich jetzt so anhört: Ich habe es nicht getestet! Kurz vor dem Ausgang streiten sich zwei Spottdrosseln miteinander und missachten offensichtlich jegliche Pietät. Mein Stündlein hat nun auch geschlagen und ich kehre voller Eindrücke, die ich gleich Josseline mitteile, in mein Quartier zurück.

Über das Hafenstädtchen hinaus entdecke ich die Insel Santa Cruz mit Carlos, der mich am frühen Morgen bei Josseline abholt. Das hat Donna arrangiert, aber Josseline kennt ihn natürlich auch. Hier kennen sich ohnehin fast alle, wie mir scheint. Und da sie sich kennen, oder vielleicht auch obwohl, gehen sie unglaublich freundlich und hilfsbereit miteinander um. Jedenfalls scheint es mir so.

Unser erstes Ziel auf unserer Rundfahrt sind die Los Gemelos im Hochland. Hier erwartet uns wieder ein feuchter kühler Nebel, der diesmal zeitweise vom Garua, dem Nieselregen, durchdrungen wird. Doch auch Sonnenstrahlen brechen sich immer wieder Bahn. Es gibt zwei Jahreszeiten auf den Inseln: die von Januar bis Juni vom Panamastrom beeinflusste Regenzeit und die vom Juli bis Dezember vom kalten Humboldtstrom beeinflusste etwas kühlere Trockenzeit mit Regen in den Bergen und Trockenheit an der Küste. Aber das Wetter wechselt wohl zu jeder Jahreszeit nahezu stündlich, was jegliche Unzufriedenheit mit ihm für unzulässig erklärt.

Im Hochland empfängt uns ein romantischer Wald von sattem Grün. Von den Scalesiabäumen, die inmitten ihres Moosteppichs wurzeln, hängen Flechten wie Spinnweben herab. Man kommt sich vor wie im Märchen. Mein Ziel, die beiden Los Gemelos, sind im Gegensatz zur Annahme gar keine riesigen Krater, sondern durch Einsturz entstandene tiefe Täler. Zeitweise klärt es sich auf und ich kann über diese Täler hinaus die gegenüberliegende Baumlandschaft in der Ferne erkennen. Gern würde ich mich in diesem Zauberwald verlaufen. Leider werden es nur 30 Minuten und ich verlaufe mich auch nicht, denn uns erwartet als nächstes die Rancho Primicias.

Durch eine saftig grüne Gegend mit Kühen und Alleen wie in Brandenburg gelangen wir zu dieser privaten Farm, auf der man auf eigene Faust die Riesenschildkröten besuchen kann. Sonst braucht man für fast alle attraktiven Ziele, bei denen es Tiere zu sehen gibt, einen Guide. Ich spaziere auf schmalen Pfaden durch eine nahezu unendliche Wiesenlandschaft an unzähligen dieser riesigen Biester vorbei, die mir immer genau den Pfad versperren, den ich einschlagen muss. Komme ich ihnen zu nahe, zischen sie mich böse an. Meine Freunde sind sie jedenfalls nicht. Natürlich respektiere ich ihre Warnung, schon wegen ihres riesigen Schnabels, mit dem sie ohne jegliche Anstrengung mindestens einen Finger brechen können, und wate in gebührendem Abstand um sie herum durchs hohe Gras. Einen kleinen Lavatunnel lass ich links liegen, da ich Angst habe hinzufallen. Genau deshalb haben wir auch eine berühmte Attraktion, die riesigen Lavatunnel, die sonst nur in Hawai vorkommen, auf unserer Tour ausgelassen. Dass es auch andere Möglichkeiten gibt, sich die Knochen zu brechen, weiß ich zu diesem Zeitpunkt zum Glück noch nicht. Mit einem Tee verabschiede ich mich am Ausgang von der Tortugua-Ranch.

Unser letztes Ziel ist der Garrapatero Beach bzw. Playa el Garrapatero. Aber aufgrund der Touristen erhält hier alles eher die englische Bezeichnung. Noch im Hochland hatten wir uns in einem kleinen Laden an der Straße mit Proviant versorgt, und nun geht es zur Küste, wo uns strahlend blauer Himmel erwartet. Die uns umgebenden Farben sind in helles Licht getaucht. Ein strahlendes Gelb überwiegt. Wir müssen eine Straße nehmen, die ihre Bezeichnung als Straße eigentlich gar nicht verdient und die ich meinem Auto niemals zumuten würde. Es handelt sich eher um eine erhöhte Sandpiste mit Steinen, von denen wir einige erst aus dem Wege räumen müssen, bevor wir weiterfahren können.

Doch dann am weißen Sandstrand ist es herrlich. Das türkisfarbene, glasklare Wasser lädt ein, mich alte wasserscheue Ratte natürlich nur bis zu den Knien. Aber darauf besteht Carlos, um Fotos zu machen. Und diese Fotos mit den Füßen im Wasser sind wirklich die besten von mir im ganzen Jahr. Sie zeigen, wie wohl ich mich in Südamerika fühle und wie ausgesprochen gut ich mich erhole. Ohne die Flamingos zu besuchen, die man nur vom Wasser aus sehen kann, machen wir uns auf den Rückweg, und ich komme glücklich mit nassen und sandigen Jeans am späten Nachmittag wieder bei Josseline an.

Auch meine weiteren Ausflüge hat Donna zusammen mit ihrem Mann für mich gebucht. Um sicher zu gehen, dass ich den Abfahrtspunkt auch finde, hat sie mich sogar einige Tage zuvor zur Probe zur Port Corner gebracht, wo nämlich die Busse die Tagestouristen aufsammeln, um sie in Richtung Baltra zum Hafen zu fahren. Dort werden die kleinen Schlauchboote, die Dinghies, bestiegen, die die Gäste zu den Cruisern bringen.

Für die Fahrt nach Bartolomé werde ich um sieben Uhr allerdings schon vom Hotel abgeholt. Wir gelangen eine gute Dreiviertelstunde später am Hafen an, wo wir in Schwimmwesten gehüllt in die Dinghies klettern, um kurze Zeit später unseren Cruiser zu entern. Ich erlerne dabei einen Griff, mit dem uns die Männer von der Crew behilflich sind. Man umfasst den gegenüberliegenden Arm des jeweils anderen bis zum Ellenbogen und gelangt auf diese Weise sicher von einem Boot zum anderen. Die Windrose, ein modernes, weißes, auf Hochglanz poliertes Schiff mit drei Ebenen, beeindruckt mich mächtig.

Zunächst Schuhe aus und Westen ablegen. Und dann geht es an der Bar vorbei ins Mitteldeck mit seinen bequemen Sitzbänken aus weißem Leder. Ein Screen zeigt die hiesige Unterwasserwelt, die ich mangels Schwimmfähigkeit allerdings nur hier und leider nicht live bestaunen kann. Auf den Tischen stehen Gläser mit Bonbons. Hinunter geht es zu den pieksauberen Toiletten und drei Schlafkojen, die sich eher als kleine Schlafräume erweisen. Hier können wir unsere Rucksäcke ablegen und uns im auf Hochglanz polierten Holz und Messing nahezu spiegeln. Für 300 Dollar die Fahrt macht das Schiff schon einiges her.

Jederzeit bekommen wir Kaffee oder Tee, Wasser und Snacks, zum Mittagessen äußerst appetitlich angerichteten Fisch beim Dreigangmenu. Später gibt es dann Kuchen. Ich bin ebenso beeindruckt wie ein altes deutsches Ehepaar, dem ich mich später beim Landgang anschließe.

Weniger beeindruckt sind Mutter, halbwüchsiger Sohn und erwachsene Tochter, die ihrem Verhalten nach eindeutig den ecuadorianischen Reichen zuzuordnen sind. Kaum angekommen, bestellen sie sich Sekt und pflanzen sich demonstrativ auf die Sitzmöbel am Heck. Da sie ihre Beine selbstverständlich hochlegen müssen, Sohnemann - vermutlich von alten amerikanischen Filmen inspiriert - selbstverständlich auf den Tisch, bleiben für die anderen Gäste nur die Plätze im Inneren des Schiffes oder das Hochdeck. Lautstark unterhalten sie sich, und die gestylte Mama klimpert mit ihren Klunkern. Das recht unverschämte Verhalten von ecuadorianischen gut Situierten ist mir schon im Flugzeug aufgefallen, doch muss ich zugeben, dass ihnen zwar jegliches Benehmen fehlt, sie aber bei näherem Kennenlernen durchaus freundlich und nett sind.

Die See bleibt ruhig. Ich habe also meine Kotztabletten überflüssiger Weise geschluckt und damit eine neue und erfreuliche Erfahrung in meinem Leben gemacht: Offensichtlich werde ich gar nicht mehr seekrank.

Nach einer guten Stunde landen wir auf Bartolomé, dessen Wahrzeichen, der Pinnacle Rock, ein turmartiger Felsen, uns schon von Weitem willkommen heißt. Es gibt eine Trockenlandung mit dem Dinghy. Wer auf Flora und Fauna hofft, wird enttäuscht, denn Bartolomé ist eine reine Vulkansteininsel. Über bequeme Holztreppen gelangen wir bis zur Spitze in 114 Meter Höhe. Rechts und links davon kaum Pflanzen, einige einsame Kakteen und graue hölzerne Kriechgebilde mit Härchen, die total vertrocknet wirken, aber dennoch lebendig sind. Sie benötigen kein Wasser. Es gibt nämlich auch keines.

Mit dem älteren Ehepaar und deren privatem Guide, einem Geologen, habe ich mich vom zur Tour gemieteten Guide abgeseilt, der vor uns mit der kleinen Restgruppe den Gipfel erklimmt. Es ist praktisch, da wir uns mehr Zeit lassen und ich mit den dreien in aller Ruhe fotografieren kann. Zudem lerne ich eine Menge über Vulkanismus. Die Galapagosinseln sind aus einem Zusammenspiel von Plattentektonik und Hotspots entstanden. Vor vier bis fünf Millionen Jahren kam es unter den Platten zu Vulkanausbrüchen, wobei aus deren aufgetürmter Lava die Inseln hervorgegangen und zum Teil allerdings auch schon wieder im Meer verschwunden sind. Das älteste Gestein beläuft sich auf 3,5 Millionen Jahre. Auffällig ist dabei, dass dieses Basaltgestein kaum aus Explosionen und Steinschlag, sondern aus einem Lavafluss entstanden ist, wobei man das schwarze älter als das oxidierte rote datieren muss. Bemerkenswert sind auch die vielen Lavaröhren. Die Vulkane selbst sind noch heute aktiv. Oben angekommen empfängt uns eine rote flatternde Fahne sowie ein atemberaubender Blick auf den blauen Ozean unter uns.

Über die Holztreppen geht es wieder zurück, hinein in die Dinghies und aufs Schiff, das uns zum nahe gelegenen Sullivan Bay bringt. Ich nutze die kurze Zeit der Überfahrt, um mein neu erworbenes Strandoutfit unter Deck anzuziehen: eine knielange, nicht sonderlich modische Männerbadehose und passend dazu ein blaues Oversize-T-Shirt. Zur Abwechlung gibt es am Strand mal eine Nasslandung, nachdem wir vom Dinghy aus zu unserer Freude ein Piguinpärchen an den Felsen ausgemacht haben.

Uns erwartet nicht nur ein wundervoller weißer Sandstrand mit unglaublichen Sandmustern, sondern auch ein glasklares, im Sonnenlicht glitzerndes, kühles Wasser. Während die anderen schnorcheln, verbleibe ich wieder einmal nur bis zu den Knien im Wasser und bin äußerst verblüfft, dass neben Schwärmen kleinerer Fische und einem größeren Rochen sogar ein höchst ansehnlicher gestreifter Fisch, von dem ich mir nicht sicher bin, ob es ein Gitterdoktorfisch ist, dicht an meinen Beinen vorbeischwimmt. So habe ich wenigstens drei von den 3000 Exemplaren der hier heimischen Fischarten zu Gesicht bekommen. Die Schnorchler sehen im Gegensatz zu mir natürlich viele weitere Fische, darunter auch Hammerhaie. Aber an ihrer Freude über einen jungen Seelöwen, der zwischen ihnen immer wieder hindurchschwimmt, sich natürlich weder fangen noch berühren lässt, und dann erneut durch die Gruppe schwimmt, kann ich durchaus teilhaben. Ihm macht sein Spiel offensichtlich genauso viel Freude wie uns.

Auf der Rückfahrt zum Hafen werden wir von Orcas und Albatrossen begleitet. Und auf einem Pfosten neben der Straße nach Puerto Ayora salutiert unseren Bus eine Schleiereule in der Dämmerung, die hier gegen 18 Uhr hereinbricht. Voller Eindrücke sinke ich glücklich und sonnendurchflutet in mein Bett.

Gleich für den folgenden Tag hat Donna meinen nächsten Ausflug gebucht. Man hat auf die Termine nur ziemlich begrenzten Einfluss, da man sich danach richten muss, wann die Schiffe fahren und wie viele ihrer ca. zehn Plätze ausgebucht sind. Zudem spielen Wetter und See natürlich eine Rolle. Diesmal geht es nach South Plaza bzw. Plaza Sur vor der Ostküste von Santa Cruz.

Zu früh finde ich mich an der Port Corner ein und erfahre erst dort, dass ich von der Queen Karen auf die Adriana umgebucht worden bin. Ich bin not amused, auch wenn ich später von Donna erfahren muss, dass zwischen den beiden Cruisern kein Unterschied besteht. Meine Erwartungen sind wohl nach der Erfahrung mit dem Luxus auf der Windrose zu hoch gewesen, denn das heutige Schiff ist rümpelig, die Crew gewöhnungsbedürftig und das Essen sehr viel schlechter. Auch wenn ich für diese Fahrt 30 Dollar weniger als für die Windrose bezahlen musste, rechtfertigt das die schlechtere Qualität eigentlich nicht. Finde ich jedenfalls.

Doch die Insel entschädigt natürlich für alles. Fast gänzlich überdeckt vom leuchtend roten Korallenstrauch, der erst in der Regenzeit wieder grün wird, den vereinzelt herumstehenden Baumkakteen und den gelben Leguanen dazwischen fasziniert sie mich. Und ich finde sie die landschaftlich eindrucksvollste aller Inseln, die ich erlebt und auf Abbildungen gesehen habe. Enorm fotogen. Empfangen werden wir von einem kleinen verspielten Seehund, der sich voller Freude im Wasser aalt. Man hat den Eindruck, er zieht für uns eine ganz besondere Show ab, während sich zahlreiche seiner Robben-Gefährten in der Nähe auf den Lavafelsen behaglich sonnen.

Auf unserem Rundwanderweg gelangen wir über Stock und Stein - im wahrsten Sinne des Wortes - zu schroffen Klippen, an denen sich die Wellen brechen. Gabelschwanzmöwen und andere Vögel fliegen in Scharen über unseren Köpfen. Selbst die begehrten Blaufußtölpel sind hier zu erahnen, wie gesagt, zu erahnen, denn sie fliegen in so weiter Entfernung an uns vorbei, dass ihre blauen Füße nicht auszumachen sind. Nette Unterhaltung bietet mir eine junge Frau aus Florida, die in ihrer Heimatstadt ein Museum betreibt.

Als Mitbringsel von der Insel begleitet mich noch einige Tage ein dicker Mückenstich am Nacken. Zum Glück ist er nur lästig und nicht gefährlich, so wie es ohne weiteres auf dem Festland der Fall sein kann. Wie die Fliegen sind auch diese Biester von Touristen in ihren Koffern eingeschleppt worden. Angeblich gibt es inzwischen auf den Inseln 1000 Arten von Insekten, was nicht einmal gut für die Vögel ist, da viele ihnen keinesfalls als Nahrung dienen, sondern, ganz im Gegenteil, ihre Eier verderben sollen, wie ich auf der Darwin Research Station gelesen habe.

Mein letzter Trip noch kurz vor meiner Abreise geht wohl auf die begehrteste, nördlich von Baltra gelegene Insel: North Seymour bzw. Seymour Norte. Der Tag fängt allerdings schon chaotisch an. Ich mache Murks mit meinem Safe, so dass er erst einmal wieder neu programmiert werden muss. Natürlich mit Josselines Hilfe. Das kostet Zeit und ich komme verspätet an der Port Corner an. Kein Mensch weit und breit. Natürlich nicht, denn ich bin ja zu spät. Mist! Ausgerechnet diese Insel, auf der man endlich die heiß ersehnten Blaufußtölpel zu sehen bekommt! Als ich gerade am Durchdrehen bin, erscheint der Bus. Auch zu spät. Was für ein Glück! Doch ich stehe nicht auf der Liste, sagt der Guide. Ich beharre darauf, mir die Liste selbst anzusehen. Und da finde ich doch tatsächlich einen Mr. Pawlich. Ich bin erleichtert.

Auch diesmal ist das Schiff weit von der Qualität der Windrose entfernt, aber man kann nett auf dem Oberdeck sitzen. Und schon auf der Hinfahrt begleiten uns die ganze Zeit über Orcas. Im Gegensatz zur landläufigen Meinung handelt es sich bei ihnen nicht um Haie, sondern um eine Delfinart. Um sie besser beobachten zu können, nehme ich meinen gesamten Mut zusammen und taste mich an der Kabine des Mitteldecks vorbei auf einem äußerst schmalen Grat nach vorn zum Bug. Hier sind die Tiere nahezu unter meinen Füßen gut zu beobachten. Und in der Ferne springen ihre Artgenossen in weiten Bögen umher. Es ist nahezu die gleiche Show, wie sie in diesen grässlichen Delfinarien überall auf der Welt geboten wird, mit dem Unterschied, dass es den Tieren hier in der Freiheit tatsächlich Spaß macht.

Das nicht so gute Mittagessen, wenn auch wieder Fisch, nehme ich mit einem netten spanischen Ehepaar auf dem Heck ein. Wo gibt es ein fantastischeres Restaurant, wenn auch das Essen nicht ganz so fantastisch ist! Strahlend blauer Himmel über unseren Köpfen und das ebenso grell blaue Meer unter uns. Da spielt es doch gar keine Rolle, ob der Fisch auf dem Teller nun links oder rechts neben dem Gemüse drapiert wurde.

Mit einer Trockenlandung auf dem Lavaplateau hangeln wir uns später auf die Insel, die von Salzbüschen und Palo-Santo-Bäumen bewachsen ist.

Zunächst geht es aber erst einmal über einen weißen Sandstrand zu den Brutkolonien der begehrten Blue footed Boobys, die sich in keinster Weise von uns stören lassen. Zu Hunderten genießen sie die Sonne, brüten über ihren großen weißen Eiern oder performen ihr Tanzritual, ein Balzverhalten, das sehr lustig aussieht: Zeigt her eure Füßchen! Und das ohne müde zu werden. Den sie schützenden Guanoring ums Nest respektieren wir selbstverständlich. Das Weibchen ist nicht nur größer, sondern hat auch größere Pupillen. Sowas nenn ich mal Emanzipation! Leider bleibt der Rundwanderweg nicht so unbeschwerlich wie in Strandnähe.

Große unregelmäßige Lavasteine bilden den Pfad durch den Wald der noch grauen Palo-Santo-Bäume, auf denen respektable Prachtfregattvögel sitzen. Zahlreiche Männchen blasen ihren enormen roten Hals auf, der zwar beeindruckt, aber für meine Begriffe jeglicher Ästhetik entbehrt, während die Weibchen ihre Brut in den Salzbüschen hüten. An diesen kleinen niedlichen flaumigen weißen Küken kann man sich kaum satt sehen. Dazwischen immer mal einige gelbe Leguane. Ich bin begeistert, so begeistert, dass das passiert, was ich unbedingt vermeiden wollte.

Ich rutsche auf einem der hohen Stein aus und falle, in einer Hand die Kamera in die Höhe haltend, mit der anderen mich abfangend. Das Gelenk schwillt an und tut verdammt weh. Aber die Kamera ist heil geblieben. Nahezu ein Déjà vue, denn fast das Gleiche ist mir vor vielen, vielen Jahren schon einmal auf Teneriffa passiert. Nur waren damals meine Knochen heil geblieben und die Kamera ging kaputt, obwohl ich diese auch damals heldenhaft nach oben gehalten hatte.

Als wir die Fahrt anschließend zum Strand von Los Bachas fortsetzen, bleibe ich vorsichtshalber auf dem Schiff. Der nette Kapitän bringt mir Selters zum Kühlen meines inzwischen recht schmerzhaften Handgelenks. Schade, ich verpasse die Flamingos. Doch dafür werde ich mit einem atemberaubenden Blick vom Heck aus entschädigt: weißer Strand, schwarze Lava, ein paar grüne Bäume und im Vordergrund das auf der einen Seite blaue und auf der anderen türkisfarbene Meer. So knallig, dass es sich im weißen Bauchgefieder der Möwen spiegelt. Türkisfarbene Möwen! Wo gibt es das schon? Meine Fotos kann ich jetzt nur noch einhändig schießen. Das ist zwar etwas umständlich, aber die Bilder nehmen sich so besonders schön aus, dass ich auf meine Malaise keine Rücksicht nehmen kann. Eine Reisegruppe im Gänsemarsch am weißen Strand hinter einer der Chinesinnen, die einen roten Schirm aufgespannt hält! Ein Wahnsinnsmotiv! Davor das strahlend blaue Meer. Ich bin begeistert. Mit sehr gemischten Gefühlen geht es zurück.

Im Hotel werde ich von Josseline empfangen, die darauf besteht, mit mir sofort zum Inselarzt zu gehen, der zwei Blocks weiter seine Praxis führt. Auch hier kennt sich jeder, vom Patienten über die Sekretärin bis zum Arzt, und jeder wird mit Umarmung begrüßt. Der Arzt spricht natürlich nicht nur fließend Englisch, sondern schafft es auch, ohne jegliche technischen Hilfsmittel eine richtige Diagnose zu stellen. Er verlässt sich nur auf meine Aussagen und sein Ertasten von Hand und Arm. Und er hat absolut recht: Fraktur der linken Unterarmelle kurz über dem Handgelenk. Ich bin beeindruckt. Notdürftig behoben wird der Schaden mit einer Armschiene für Verstauchungen. Etwas anderes ist in der Praxis nicht vorrätig. Ich bezweifle sogar, dass er noch eine zweite besitzt. Josseline sorgt im Hotel wie eine Mutter für mich. Mein Arm wird mit Eis aus dem Gefrierfach gekühlt. Und Schmerzmittel habe ich ja selbst zur Genüge. Obwohl ich froh bin, endlich ins Bett zu kommen, wird es eine schlaflose Nacht. Am nächsten Tag suchen wir noch einmal den Arzt auf und ich bekomme diesmal nicht nur eine Armschlaufe, sondern auch die Rechnung: 90 Dollar. Das ist moderat.

Die mir verbleibenden letzten beiden Urlaubstage verbringe ich trödelnd in Puerto Ayora und besuche meine Lieblingsplätze: den Hafen mit dem netten Café im Supermarkt und den Fischstand mit seinen Seelöwen. Und ich nehme natürlich Abschied von allen meinen Tieren auf dem Wege. Letzte Fotos von ihnen kann ich nur noch mit dem Handy aufnehmen, da die Kamera inzwischen zu schwer für meinen gebrochenen Unterarm ist.

Im Garrapatero auf der Avenida Darwin bestelle ich mir die bislang immer vermiedene typischste Speise von Südamerika, eine Ceviche. Aber ich esse sie tatsächlich nicht, denn sie entpuppt sich als Rohfischsalat mit rohen

Zwiebeln. Ich hatte es geahnt. Und das mit den Zwiebeln ging ja noch nie. Netterweise muss ich nur meine Cola bezahlen, obwohl ich die Beilage, etwas mehlige, frittierte Bananenchips, die fast immer zu den Speisen gereicht werden, total aufgeputzt habe. Die vielen Touristen konnten also zum Glück die gastfreundliche Art der Insulaner nicht beeinträchtigen. Ich genieße meine letzten Tage, diesmal nur knapp gesättigt und nicht ganz ohne Schmerzen, aber glücklich und entspannt.

Doch nun kommt der letzte Morgen, das letzte Frühstück in der Sonne auf meinem Terrassenplatz. Nachdem ich am Tag zuvor fast den gesamten Vormittag lang meine Sachen mit einer Hand gepackt habe, trägt Josseline jetzt meinen Koffer zum Taxi. Herzliche Verabschiedung von Josseline, herzliche Begrüßung mit Carlos, der mich wieder zum Flughafen bringt und meine Sachen bis zum Check-in trägt. Herzliche Verabschiedung hier auch von ihm. Es tut weh, die Leute wieder verlassen zu müssen, die einem so schnell nahestehen können.

Und schon holt mich nach meinem Galapagosmärchen die nackte Realität ein, die bereits damit beginnt, dass mein Flugzeug nicht ankommt. Ich werde langsam ungeduldig, denn ich habe in Quito nur drei Stunden Umsteigezeit. Mehrfach gehe ich einer von den wenigen englisch sprechenden Mädels vom Bodenpersonal mit meinen Fragen nach den Gründen für den Ausfall der Maschine auf die Nerven, bekomme aber nur die Auskunft, dass ein anderes Flugzeug käme. Irgendwann. Und dann verschwindet es mit meinem Pass und meinem Ticket. Hier steh ich nun und kann nicht anders, als äußerst hibbelig hin und her zu tigern. Die anderen Fluggäste wissen auch nichts, doch werden die wenigstens nach und nach aufgerufen. Mein Name fällt nicht. Eine gute Stunde später bringt mir das Mädel meine Papiere und verweist mich auf einen Schalter, von dem ich schließlich mit einer anderen Fluglinie nach Quito gelange. Eine gute Stunde verloren!

Die mehr als 1000 Kilometer bis Quito vertreibe ich mir einigermaßen beruhigt mit einem netten älteren chinesischen Ehepaar aus Hongkong, das allerdings schon seit sechs Jahren in Kanada lebt und mir die undemokratische Lage in ihrer Heimat aus ihrer Sicht erklärt. Die beiden besuchen ihren Bruder, den Bischof von Quito. Auch mit ihnen wird es eine herzliche Verabschiedung, nachdem wir in Quito gelandet sind.

Und hier beginnt die Hektik erneut. Zunächst einmal muss ich meinen Koffer wieder vom Rollband abholen, der eigentlich zum Durchchecken nach Berlin vorgesehen war, nun aber wegen des geänderten Fluges nochmals aufgegeben werden muss. Ich habe es eilig. Zum Glück muss ich nicht lange warten, dafür aber nach dem Auslands-Abflugterminal suchen. Erschwerend kommt hinzu, dass das Bodenpersonal ähnlich wie fast überall in Südamerika nur Spanisch spricht. Man schickt mich in den dritten Stock, in dem ich voll bepackt mit Koffer, Rucksack, Tasche, Fototasche und Jacke lande. Und das alles mit nur einer brauchbaren Hand! Ein langer Gang, von dem offensichtlich Büroräume abgehen, tut sich vor der Fahrstuhltür auf. Kein Mensch zu sehen. Ich stehe wie auf Kohlen. Aber wo soll ich hin? Nach einigen Minuten taucht endlich doch jemand auf, und ich habe Glück: Er spricht Englisch. Es stellt sich heraus, dass ich natürlich ganz woanders hin muss, da ich ja schließlich schon ein Ticket besitze. Also nehme ich in aller Eile den Fahrstuhl wieder hinunter und schaffe es tatsächlich noch rechtzeitig, am Check-in anzukommen. Geschafft!

Ich lasse mich außer Atem im Flugzeug in meinen Sessel fallen, genieße mein Drei-Gang-Menu und schau noch einen Film, bevor ich in meinem zum Bett ausgezogenen

Sessel dank einer von Vula mitgegebenen Tablette behaglich einschlafe. Beim Umsteigen am Mittag in Madrid habe ich mehr Zeit, verliere beim Bummeln durch die Flughafenhallen, die mich inzwischen mit ihrem Konsumglitzer ziemlich abschrecken, meine rote Jacke. Macht nichts. Sie hat auf der Reise ihre Schuldigkeit getan und in den Flughafengebäuden ist es selbst im Winter warm.

Es bleiben viele Erinnerungen an ein harmonisches Leben mit der Natur und die Bestätigung, dass man auf einen westeuropäischen Luxus ohne weiteres verzichten kann, sowie natürlich auch die Erinnerung an kurze herzliche Freundschaften. Zudem machte ich für mich persönlich die beruhigende Erfahrung, dass ich mir trotz meiner körperlichen Malaisen mit einem guten Vorrat an Schmerztabletten im Koffer Fernreisen durchaus zutrauen kann. Und last not least: Ich werde mich an über tausend wunderschönen Fotos noch lange erfreuen können - und zunächst auch einmal müssen, da die im folgenden Jahr sich weltweit ausbreitende Corona-Pandemie ein Reisen zwar nicht unmöglich macht, aber doch äußerst unvernünftig erscheinen lässt.

ABBILDUNGSVERZEICHNIS